走向世界的中国职业教育

（第三辑）

西安交通大学出版社

图书在版编目(CIP)数据

走向世界的中国职业教育:共建"一带一路"十年来职业教育合作案例集.第三辑 / 中华职业教育社主编. —西安:西安交通大学出版社,2023.12
ISBN 978-7-5693-3612-2

Ⅰ.①走… Ⅱ.①中… Ⅲ.①职业教育—国际合作—案例—中国 Ⅳ.①G719.2

中国国家版本馆 CIP 数据核字(2023)第 243477 号

ZOUXIANG SHIJIE DE ZHONGGUO ZHIYE JIAOYU
——GONGJIAN"YIDAIYILU"SHINIAN LAI ZHIYE JIAOYU HEZUO ANLI JI(DI - SAN JI)

书 名	走向世界的中国职业教育——共建"一带一路"十年来职业教育合作案例集(第三辑)
主 编	中华职业教育社
策划编辑	曹 昳 杨 璠
责任编辑	杨 璠 王 帆 王玉叶
责任校对	张 欣
装帧设计	伍 胜
出版发行	西安交通大学出版社 (西安市兴庆南路1号 邮政编码710048)
网 址	http://www.xjtupress.com
电 话	(029)82668357 82667874(市场营销中心) (029)82668315(总编办)
传 真	(029)82668280
印 刷	陕西天意印务有限责任公司
开 本	720 mm×1000 mm 1/16 印张 16.25 字数 235 千字
版次印次	2023 年 12 月第 1 版 2023 年 12 月第 1 次印刷
书 号	ISBN 978-7-5693-3612-2
定 价	138.00 元

如发现印装质量问题,请与本社市场营销中心联系。
订购热线:(029)82665248 (029)82667874
投稿热线:(029)82668804
读者信箱:phoe@qq.com

版权所有 侵权必究

编委会

主　任　王晓光
副主任　李英爱　王松涛
委　员（按姓氏笔画排列）
　　　　　王彦平　李　重　李　敏　李明富
　　　　　何　培　曹　昳　谢永华

序

2013年,中国国家主席习近平提出共建"一带一路"倡议,为世界描绘了一幅互联互通、合作共赢的宏伟蓝图。十年来,"一带一路"合作从亚欧大陆延伸到非洲和拉美,从"大写意"进入"工笔画",从硬联通扩展到软联通,为全球经济增长注入新动能,"和平合作、开放包容、互学互鉴、互利共赢"的丝路精神深入人心,共建"一带一路"已经成为广受赞誉的重要国际公共产品和合作平台。

在此壮阔的历史进程中,中国职业教育顺势而为、借力生长,迎来了开展国际合作的新契机。中国的广大职业教育界人士本着相互尊重、互相支持、相互成就的美好意愿,同世界各国紧密互动、务实切磋,已经结出累累硕果。如以"鲁班工坊"为代表的一批惠民生的"小而美"项目,成为"一带一路"上的技术驿站和亮丽风景,为相关国家提供了重要的人才支撑,是中国职业教育品牌服务国际社会的生动写照。数据显示,十年来,中国有400余所高职院校和国外办学机构开展合作办学,在40多个国家和地区开展"中文+职业教育"特色项目,职业教育已经成为共建"一带一路"的一支蓬勃力量。

中华职业教育社作为中国共产党领导下的群众团体,近年来充分发挥自身优势,广泛联系港澳台和海外职业教育界人士,在推动中外职业教育交流方面发挥了积极作用。为梳理总结好职业教育服务共建"一带一路"的成果,

2023年中华职业教育社牵头征集并主编了《走向世界的中国职业教育——共建"一带一路"十年来职业教育合作案例集》(第一至三辑)和《民心相通——丝路职教故事》(上、下辑)。案例集全面展示了中国职业院校创办海外分校和实训基地、开发教材与标准、改善和发展当地民生等方面的典型经验成果,故事从多个维度反映了院校师生和企业职工在职教丝路上结下的真挚友情。本书编写组衷心希望这些案例和故事能够成为国内外读者了解中国职业教育的重要窗口,能够为有志于投身职业教育的海内外各界人士提供有益参考和借鉴。

各位朋友,随着"一带一路"进入高质量发展新阶段,职业教育中外交流合作也已经驶入"快车道",前途广阔、大有作为。"其作始也简,其将毕也必巨",相信十年只是开始,未来的职教丝路一定会行稳致远、枝繁叶茂。让我们一起携手奋进,让职业教育共建成果闪耀"一带一路"。

本书编写组
2023 年 12 月
写于"一带一路"职业教育国际论坛开幕之际

综述

职业教育国际交流合作是我国扩大教育对外开放，推进教育强国建设的重要内容，为"一带一路"共建国家稳定繁荣发展提供了重要公共产品，为推动我国产能和技术标准"走出去"提供了重要人才保障。

习近平总书记高度重视职业教育工作。在第三届"一带一路"国际合作高峰论坛开幕式上，习近平总书记强调："共建'一带一路'注重的是众人拾柴火焰高、互帮互助走得远，崇尚的是自己过得好、也让别人过得好，践行的是互联互通、互利互惠，谋求的是共同发展、合作共赢。"他宣布，中国将通过建设"鲁班工坊"等方式推进中外职业教育合作。这一指示为我国未来开展职业教育国际合作指明方向。

为庆祝习近平总书记提出构建"人类命运共同体"和共建"一带一路"倡议十周年，充分发挥"一带一路"共建国家教育资源互补的积极作用，进一步推动我国职业教育国际合作高质量发展，中华职业教育社组织开展了"共建'一带一路'十年来职业教育合作成果集"优秀案例征集活动，将评选出的优秀案例集结出版为《走向世界的中国职业教育——共建"一带一路"十年来职业教育合作案例集》（第一至三辑）。

本系列书中收录的100个职业院校的优秀案例讲述

了我国共建"一带一路"十年来在职业教育国际交流合作领域的积极探索和创新实践。案例围绕共建"一带一路"倡议和区域经济发展、提升学校内涵建设和育人水平等主题,展示了职业教育学校在"职教出海"、留学生培养、援外培训、中外合作办学、"中文＋职业技能"项目等方面的先进经验和前瞻做法,具有典型性、创新性和示范性,为我国在新时期开展职业教育国际交流合作提供了重要参考。

一、锻造大国工匠精神　职教国际合作厚积薄发

职业院校内化"大国工匠"精神内核,大力发展现代职业教育,形成具有中国特色的职业教育体系,为中国职业教育走出国门、深入开展职业教育国际合作奠定了坚实基础。

(一)锻造工匠精神文化内核,"职教出海"百花齐放

中国职业教育"走出去"与中华传统文化紧密结合,弘扬工匠精神、褒扬工匠情怀、涵养工匠文化,体现了中国劳动光荣的社会风尚和精益求精的敬业风气。

以天津首创的"鲁班工坊"为代表,该项目以全国职业院校技能大赛所选用的优秀教学装备为基础,以校企合作开发"四位一体"的立体化教学资源为内容,以海外职业院校本土师资系统化、标准化培养培训为根本,以规划化、制度化的监管机制保障"鲁班工坊"的可持续发展,使"鲁班工坊"成为中国职业教育的国际品牌。根据合作国产业需求,"鲁班工坊"通过合作开设专业、培训师资、提供教学实训设备、出版教材等形式,采取"学历教育＋职业培训"的方式,为合作国培养经济社会发展急需的技术技能人才。作为"一带一路"上的技术驿站,"鲁班工坊"让中国优质的职业教育模式、标准、装备、资源走出国门，成为助力"一带一路"共建国家民心相通的重大行动。

在工匠精神的引领下，职教出海多种形式"百花齐放"。既有由教育部主导的"中文工坊""经世学堂"等项目和由浙江、江苏等地方教育部门主导的"丝路学院""郑和学院"等项目，也有由职业教育行业指导委员会主导的中国-赞比亚职业技术学院、"电商谷"项目和职业院校自发实施的"海丝学院"等项目。

(二)引进优质资源、积极合作办学

作为职业教育引进优质资源、开展国际化人才培养的重要渠道，职业院校积极与新加坡、俄罗斯等"一带一路"共建国家的优质院校开展中外合作办学，培养了一大批具有国际视野的技术技能人才。

海南经贸职业技术学院服务海南自贸港建设，与俄罗斯乌拉尔联邦大学合作共建乌拉尔学院，为海南岛自贸港培养国际化人才。乌鲁木齐职业大学与新加坡PSB学院合作举办酒店管理与数字化运营、现代物流管理、机械制造及自动化、电气自动化技术中外合作办学项目，累计培养了2000余名国际化人才。

(三)产教融合、教随产出，支撑中资企业海外发展

践行教随产出、校企同行原则，职业院校充分发挥职业教育专业水平高、实践能力强的优势，通过校企合作、订单培养、联合培养等形式，紧贴企业实际，打造特色人才培养方案，为企业提供本土员工技能培训，服务企业员工的技能水平提升，有力支撑中资企业海外发展。

陕西工业职业技术学院通过参与在赞比亚建设中国-

赞比亚职业技术学院,为当地中资企业培养培训了近1000名本土员工。陕西铁路工程职业技术学院随中国铁路"走出去",先后承担了肯尼亚蒙内铁路工务、电务、信号、通信等8个岗位的技术培训任务,累计派出教师47人次,完成22个班次、700余名技术技能人才的培训任务,为肯尼亚蒙内铁路的建设与运营提供了一线技术技能人才。福建水利电力职业技术学院积极服务中国电力"走出去",联合马来西亚城市大学,为中国建筑工程(马来西亚)有限公司50名员工开展电力专业技能培训,完成"安全用电""电气试验"2门双语课程教学,有效服务了企业的海外发展。

二、开展对外务实合作　讲好中国职教故事

入选本书的职业院校国际教育合作案例覆盖全球130余个"一带一路"共建国家和地区,其中与中国产业"走出去"密切相关的亚洲、非洲、欧洲等地区中国职教院校服务国家数量占全部"一带一路"共建国家的85.5%(图1)。泰国、柬埔寨、老挝、坦桑尼亚、印尼、埃及、赞比亚等国家有多个我国职业院校与企业、当地院校合作举办的"职教出海"项目。

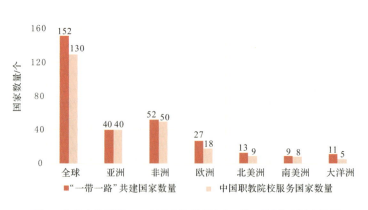

图1　本书中收录的100个职业院校服务"一带一路"共建国家数量

助力世界读懂中国式现代化。职业院校积极参与教育部中外语言交流合作中心设立的"中文＋职业技能"项目,与孔子学院、外方院校及企业合作,为"一带一路"共建国家培养"懂汉语、通文化、精技能"的复合型人才。

武汉铁路职业技术学院与泰国当地孔子学院、班派工业社区教育学院合作,分段式培养留学生。三方共同培养了5批由泰国教育部职教委选派的129名铁路专业学生,为中泰铁路开通提供人力资源支撑。西安航空职业技术学院承办教育部中外语言交流合作中心"汉语桥"线上团组项目,通过整合国内优质职业教育与汉语教学资源,以"中文＋职业技能"面向"一带一路"共建国家相关专业的从业人员开展焊接技术等职业素养提升与文化交流活动,推动中国优质职教资源"走出去"。

中国职业院校采取区别于普通本科院校的留学生培养模式,通过开展"中文＋职业技能"、留学生订单培养、语言文化交流等项目,为"一带一路"共建国家培养本土技术技能人才。图2所示为本书中收录的100个职业院校服务"一带一路"共建国家留学生培养情况。

10916 人　　**61850** 项
来华留学生　　来华短期培训

图2　本书中收录的100个职业院校服务"一带一路"
共建国家留学生培养情况

芜湖职业技术学院与安徽海螺集团合作,成立"国际订单班",结合企业实际、学生情况制订人才培养方案,培养学生汉语交际、专业技术、中华文化认知,以及专业实践应用四个方面的能力,为企业培养高素质技术技能型国际人才。四川航天职业技术学院与新加坡义安理工学院合作开设新加坡留学生"中华文化之旅"项目,每年招收新加坡义安理工学院春、秋季两批次留学生,在校交流学习5周。由中、新双方学校共同制订教学计划、开展教学,学习期间两国学生开展多项文娱交流活动。

职业院校承担商务、教育等政府援外培训项目,为国外政府部门开展大量的能力培训项目。宁波职业技术学院承担商务部、外交部和中联部委托的185期援外培训项目,为126个发展中国家教育及各产业领域4200余名高级官员、专家及技术人员开展能力培训。安徽国际商务职业学院承办商务部援外培训项目46期,累计为85个发展中国家和地区的1160名政府官员、技术人员开展了能力培训。

三、落实全球发展倡议 携手各国共建共享

习近平总书记指出,职业教育与经济社会发展紧密相连,对促进就业创业、助力经济社会发展、增进人民福祉具有重要意义。中国职业院校坚持职业教育类型定位,为"一带一路"共建国家培养本土技术技能人才。

中外职教合作重在"授人以渔"。职业院校积极开展对外职教师资培训项目,助力"一带一路"共建国家发展职业教育。泉州轻工职业学院与中国航空技术国际控股有限公司在非洲国家实施"TOT"项目,为肯尼亚13所大中专院校的24名教师开展为期2个月的酒店管理专业培训,为加纳26所大中专院校的72名教师开展为期6个月的电子电工专业培训,为加蓬新建3所职业教育中心的15名教师开展为期3个月的木工加工技术专业培训。重庆城市管理职业学院依托牵头成立的澜湄区域职业教育合作联盟,面向泰国12所学校的60余名物流管理专业教师开展能力培训。

服务共建国家提升本地就业。职业院校为"一带一路"共建国家当地经济社会发展培养大量急需的技术技能人才,服务当地5.6万人就业。十年来,本书中收录的100个职业教育院校在海外开办的学校覆盖了46个"一带一路"共建国家(图3)。

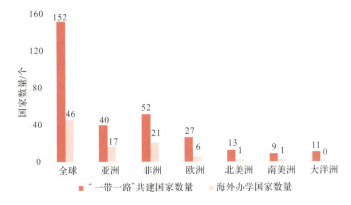

图3 本书中收录的100个职业院校海外办学覆盖"一带一路"共建国家情况

图4所示为本书中收录的100个职业院校海外开办学校地域分布情况。海外开办学校数量达到158所,专业涵盖制造业、建筑业、交通业、水利电力、农业、信息技术等;累计招生约4.3万名,为"一带一路"共建国家约26.7万人提供海外人才培训,为约37万人提供线上培训(图5)。

图 4　本书中收录的 100 个职业院校
海外开办学校地域分布情况

266 585　　**370 175**
共建国家人才培训　　线上培训

43 347　　**55 573**
共建国家办学招生　　服务当地直接就业

图 5　本书中收录的 100 个职业院校服务
"一带一路"共建国家人才培养情况

天津铁道职业技术学院通过在吉布提建设鲁班工坊，为亚吉铁路培训本土铁路技术技能人才，解决了当地铁路运营人员匮乏的问题，带动了当地人员就业。昆明铁路职业技术学院选派教师赴肯尼亚、埃塞俄比亚等国，在当地为蒙内铁路和亚吉铁路培养 180 余名火车司机和机车检修工；承办"东南亚铁路技术人才培养国际合作技术官员研修班"等，为"一带一路"共建国家累计培训 100 余名铁路专业和技术管理人才。

推动职业教育标准海外落地。职业院校紧贴当地实际，与企业联合开发国际化教学标准和资源，推出一批国际化专业教学标准、双语教材和数字化教学资源，为"出海"项目提供教学基本支撑。本书中收录的100个职业院校已在全球40多个国家和地区开展"中文＋职业教育"特色项目；累计制定各类教学标准项目3236项，编写双语教材303种、讲义837种，共建教学平台279个、海外实训室1121个；服务学生220 443名（图6）。

220 443 服务学生人次

3236 各类教学标准项目

303 出版教材项目

837 自编讲义种类

279 共建教学平台

1121 共建实训室

图6　本书中收录的100个职业院校服务"一带一路"倡议资源共建情况

金华职业技术学院依托建设的卢旺达穆桑泽国际学院开发的电子商务和电气自动化技术专业教学标准纳入卢旺达教育资格框架体系。北京工业职业技术学院为参与建设的中国-赞比亚职业技术学院打造了"中文＋职业技能"课程资源体系，开发了17本英文专业教材、9本工业汉语教材和27门中英双语课程。

文明因多样而交流，因交流而互鉴，因互鉴而发展。这套案例集展示了共建"一带一路"倡议提出十年来，我国职业院校主动作为，积极投入"一带一路"建设的生动画卷,谱写了"一带一路"上的中国职教赞歌。

希望案例集的出版为政府部门决策、职业教育组织、院校和企业开展国际交流合作提供有益参考,为中国职业教育站在新的历史起点上,更好地参与"一带一路"共建和国际产能合作,服务人类命运共同体建设贡献力量。

目 录

建设"丝路学堂" 打造"一带一路"国际合作交流新样本…………………
……………………………… 北京市丰台区职业教育中心学校 1

争当国际农业人才共育的探路者——探索服务"一带一路"农业技术技能
人才培养"苏农模式"……………… 苏州农业职业技术学院 8

共同浇灌中国-印度尼西亚高职教育合作之花——江苏农牧科技职业学院
国际合作典型案例……………… 江苏农牧科技职业学院 16

中国味 世界能 国际范——基于"丝路课堂"的中职国际化技能人才
培养创新实践……………… 温州华侨职业中等专业学校 23

坚持守正创新,共筑中南合作新样本——杭州科技职业技术学院中南职业
教育合作纪实……………… 杭州科技职业技术学院 33

助推中国电商技术走出去——中泰"丝路电商"人才联合培养项目………
……………………………… 安徽商贸职业技术学院 41

中国电力工程技术的海外传播者——"一带一路"共建背景下中马能源
电力人才培养模式探索与实践…… 福建水利电力职业技术学院 48

借鉴"鲁班工坊"育人模式 培育非洲"工匠之师"……………………
……………………………… 泉州轻工职业学院 56

聚焦"四点",强化"四力"——山东畜牧兽医职业学院助力"一带一路"畜牧
业国际产能合作……………… 山东畜牧兽医职业学院 64

实施"行业平台型"模式 打造国际教育示范 推动电力职业教育国际化
高质量发展……………… 郑州电力高等专科学校 69

教随产出 产教协同——"中文＋交通职业技能"国际合作交流武交院模
式……………………………… 武汉交通职业学院 82

1

促进民心相通　提供发展支撑——武汉职业技术学院创新"一带一路"共育合作新模式……………………………… 武汉职业技术学院　95

立足特色专业扬帆出海　塑造职业教育国际化品牌——广州番禺职业技术学院国际化办学创新实践 ……… 广州番禺职业技术学院　107

协企"出海"赋能职业教育国际化发展——广东工贸职业技术学院参与"一带一路"共建纪实 ………………… 广东工贸职业技术学院　117

校企协同出海，实现中国标准全球推广——柳州职业技术学院探索校企融合新模式 ……………………………… 柳州职业技术学院　127

创"三维融合"新模式　育跨境电商新人才——广西金融职业技术学院助力中国-东盟跨境电商高质量发展 ……… 广西金融职业技术学院　135

产教融合下的"中文＋职业技能"留学生培养模式案例——三亚航空旅游职业学院"一带一路"人才培养的探索……………………………………………………… 三亚航空旅游职业学院　144

四个引领，打造中俄地方人文交流创新典范 ……………………………………………………… 海南经贸职业技术学院　152

中国信息技术的传播者——重庆电子工程职业学院"中国-老挝新一代信息技术中文工坊"助力中国信息产业"走出去"纪实 ……………………………………… 重庆电子工程职业学院　159

校企合作新典范——重庆工业职业技术学院沙特阿拉伯海外人才培养项目纪实 ……………………………… 重庆工业职业技术学院　165

突显制度与文化自信，创中新青年人才交流新模式——新加坡学生"中华文化之旅"典型案例 ……………… 四川航天职业技术学院　173

务实创新　推动实现跨越式发展，培养具备全球竞争力的大国工匠 …………………………………………… 成都市技师学院　181

共同出海，逆风而行　打造海外职教平台——四川城市职业学院推进"一带一路"共建国家职业教育发展典型案例 ………………………………………………… 四川城市职业学院　190

培养水利电力国际人才　服务中资企业海外发展——贵州水利水电职业技术学院实践 ………… 贵州水利水电职业技术学院　197

多元共育本土人才　服务共建"一带一路"……………………………………………… 贵州轻工职业技术学院　207

紧扣交通特色错位发展　职业院校携手"走出去"中资企业深耕国际市场创新与实践 ………… 云南交通职业技术学院　216

深化国际合作交流　服务"一带一路"技能人才培养——云南技师学院面向南亚东南亚国家积极开展职业技能交流 …… 云南技师学院　223

航空为本　中文搭桥　借船出海　内外兼修——谱写新时代航空特色国际合作交流新篇章 ……………… 西安航空职业技术学院　232

建设"丝路学堂"
打造"一带一路"国际合作交流新样本

摘　要　北京市丰台区职业教育中心学校积极建设北京"一带一路"国家人才培养基地校,构建国际学生培养培训课程体系;搭建"丝路学堂"国际合作与交流平台,探索中外院校合作模式;创建"丝路工匠"职业院校国际合作联盟,培育国际技能大赛品牌。力求通过与国外职业院校开展专业建设、标准建设、师资培训、人才培养、技能大赛等领域合作,创新职业教育国际合作模式,形成职业教育国际合作与交流"北京样本"。

一、建设背景

北京市丰台区职业教育中心学校创造性地提出了"丝路学堂"和"丝路工匠"双品牌建设,以北京市"一带一路"国家人才培养基地校为依托,以"技能培训＋语言学习＋文化交流"课程模式为手段,以国际技能大赛为抓手,力求通过与国外职业院校开展专业建设、标准建设、师资培训、人才培养、技能大赛、校企合作、实训基地(工程师学院)建设、语言培训、文化交流、就业服务、升学留学、技术研发等领域合作,创新职业教育国际合作模式,形成职业教育国际合作与交流"北京样本"。

二、工作目标

发挥职业院校专业优势,从职业教育对外交流的深度广度开展"丝路学堂"建设,提升国际教育供给能级;构建"技能＋语言＋文化"对外交流课程体系,开展留学生培养培训;搭建"丝路学堂"国际合作与交流平台,探索中外院校合作模式;成立"丝路工匠"职业院校国际合作联盟,培育国际技能大赛品牌;创建"丝路学堂"海外分校,探索中外联合培养新模式,推动中国标准走出去。

三、具体做法

(一)开发"丝路学堂"优质课程,构建"技能+语言+文化"对外交流课程体系

依托北京市"一带一路"国家人才培养基地校建设,构建"技能+语言+文化"特色双语课程体系,该体系由职业技能类课程、汉语类课程和中国传统文化特色课程组成,每类课程包括若干模块。这些模块化课程兼具先进性与实用性的同时更强调灵活性与开放性,能够适应各年龄、各学段、各职业人群的学习需求。文化模块以中国非遗文化与技艺、中华节日、戏曲与服饰文化为主,强调鉴赏与实操结合;职业技能模块以烹饪、汽修、学前、影视、电商等专业的核心技能为主,突出先进性与实用性。立足学习者汉语水平、职业技能水平和对中华文化的理解程度,定制个性化的课程包,实现课程设计的系列化与个性化服务。

依托骨干专业,结合对外交流需求,已完成"丝路学堂"27门优质课程建设,其中包括"面塑""京绣""太极剑表演"等文化模块课程,"中华小吃""中华冷菜艺术""发动机维护""数字影像技术""图形图像处理与美工"等职业技能模块课程和专业汉语课程。在课程设计上注重层级与递进性,突出"模块化"与"拼装性",学校立足学习者汉语水平、职业技能水平和对中华文化的理解程度,定制个性化的课程包,实现课程设计的系列化与个性化服务。课程均是以汉语教学为载体,帮助学生在学习技能与体验文化的同时潜移默化地提升汉语水平。目前很多课程已放到相关汉语学习平台实现对外分享。

"中华小吃""中华冷拼艺术"两门课程已输出至泰国,供泰国近200所本科水平职业院校的近40万在校生学习。

(二)创建"丝路学堂"海外分校,探索中外联合培养新模式

学校加强与海外院校合作交流,不断创新中外职业院校国际合作人才

培养新模式,提升"一带一路"民间交流质量。2021年底,北京市丰台区职业教育中心学校与泰国吉拉达技术学院线上签署合作框架协议,并举行"丝路学堂"泰国分校揭牌仪式。根据协议,两校在"一带一路"倡议指导下开展并深入推进联合培养、技能培训、师生交流、升学留学、实训实习、就业创业等领域合作。中泰双方院校选择契合度较高的骨干专业开展合作,招收"丝路学堂"泰国分校项目班学生。北京市丰台区职业教育中心学校中餐烹饪专业与吉拉达技术学院食品专业采取"2+1"方式实现人才联合培养。项目班由吉拉达技术学院在该校招收的学生中择优组建,两年前招收了首批14名学生。泰国学生前两年在本国就读,第三年可以来华留学,在学习专业核心课程的同时还要学习中文和传统文化课程。"丝路学堂"师资由中泰双方院校骨干教师组成,包括专业课、汉语课、非遗技艺课教师,以线上线下相结合的方式开展教学。这些课程对于增强学生就业竞争力,扩大就业领域起到积极作用。2022年9月2日在"2022年中国国际服务贸易交易会"教育论坛职业教育专题研讨会期间,学校与泰国吉拉达技术学院再度合作,建立中泰北京宴餐饮艺术与管理中心。该中心以北京职业教育校企合作工程师学院为蓝本,将北京工程师学院校企合作共育人才模式分享到海外院校。

(三)以国际合作项目为载体,实现专业教学标准与课程标准双共享

经过两年洽谈,2021年12月与泰国吉拉达技术学院达成合作意向,双方选择培养目标、教学内容、教学策略契合度高,泰国就业前景好的优质专业强强联合,共同培养高端技术技能人才。北京市丰台区职业教育中心学校中餐烹饪专业与泰方食品专业教师结合学生在泰就业岗位需求和各自专业培养目标进行多次研讨,共同开发彰显中泰特色的专业教学标准和课程标准。所开发的专业教学标准继续秉持泰方食品专业人才培养要求,同时融合了中泰双方优质专业资源。开发的10门课程标准以"技能+语言+文化"为特色。实践证明,这些标准在拓展泰方学生专业领域,提升专业技能方面发挥了重要作用,泰国吉拉达技术学院对学校所做工作给予高度评价,泰方院校特意给学校和教师发来感谢信和慰问信

以示认可。图1-1所示为"丝路学堂"泰国分校学生线上学习中餐烹饪课程。

图1-1 "丝路学堂"泰国分校学生线上学习中餐烹饪课程

(四)创建"丝路工匠"职业院校国际合作联盟,培育国际技能大赛品牌

为深度融入国家"一带一路"建设,促进与"一带一路"共建国家教育合作、人文交流,提升新时代教育对外开放水平,加快职业教育提质增效,在北京市教委的指导下,学校牵头成立由53所中外职业院校组成的"丝路工匠"职业院校国际合作联盟,联盟旨在秉承"和平合作、开放包容、互学互鉴、互利共赢"的丝路精神,开展更加系统、务实的国际合作。承办了"一带一路"国际职业教育校长论坛,创建了"丝路工匠"联盟网站平台,促进中外成员单位有效交流,实现资源共享,信息互通。通过建立理事会健全管理制度,制订科学的工作计划,实现联盟成员单位之间的交流互通、资源共享,帮助成员单位院校培育更为优质的留学生培养培训环境,从而形成深入的、可持续的留学生培养培训机制。在此基础上,为落实这一长效交流机制,联盟定期举办交流互访、学术论坛、技能大赛等活动。定期举办"丝路工匠"职业院校国际技能大赛。继2019年首届"丝路工匠"国际技能大赛(图1-2)后,再次牵头组织了2022年第二届"丝路工匠"国际技能大赛,旨在更好地促进"一带一路"国家校企交流与合作,搭建技能融通、文化互

通、民心相通的平台,弘扬工匠精神,打造国际技能大赛品牌。本届大赛有21个国家818名中外选手参加了9个赛项的比赛。学校作为"丝路工匠"国际技能大赛牵头单位和本届大赛中国赛区的承办单位之一,承担了大赛的组织、筹备、协调,以及开幕式的举办和西餐西式面点、咖啡技艺赛项的承办。通过国际技能大赛推进行业交流和校企合作,有效推动了联盟院校专业课程改革,提升了办学水平和人才培养质量。

借服贸会国家级平台,展示北京职业院校国际化成果,连续两年学校组织"丝路工匠"联盟成员单位组团式参加了2021年、2022年中国国际服务贸易交易会。以"行丝路 育工匠"为主题展示了首都职业院校国际化办学成果。各校所带项目被多家媒体报道,央视新闻频道进行了现场直播。

图1-2 首届"丝路工匠"国际技能大赛"蛋糕裱花"赛项

四、合作成效

(一)扩大受益人数,提升中国职教影响力

课程受益人数持续增加,目前已完成来自5个国家3届27名留学生的培养,其中,3名留学生申请了中国大学继续攻读本科。在培训方面,近年来累计培养短期来华留学生203人,生源遍及泰国、俄罗斯、土耳其等近30个国家和地区。同时,还为在京中小学留学生提供文化与技能体验课程,年培训500人。"丝路学堂"建设项目被列入北京市市级国际消费中心

城市建设清单及"两区"建设任务。

(二)统一专业标准,打造国际技能大赛品牌

依托首届"丝路工匠"国际技能大赛赛事规则,共享模块化课程标准,形成首届"丝路工匠"国际技能大赛赛项说明,实现 2 门课程标准输出。建立 1 所"丝路学堂"海外(泰国)分校,分享 1 个专业教学标准和 10 门课程标准,同时开展中外院校技术技能人才联合培养、海外员工技能培训等。课程标准的共享使职教留学生培养培训不再局限于一地一校,为未来更为深度的联合培养、合作办学打下基础。

(三)建立国际合作联盟,形成中外院校国际合作交流机制

通过建立"丝路工匠"职业院校国际合作联盟,组织联盟校长论坛、技能大赛,组团参加服贸会,形成了深入、可持续的职业教育中外合作交流机制。尤其是以"丝路工匠"国际技能大赛为抓手,深入推动中外人文交流,办学实力和人才培养质量得到提升。

(四)形成"一基地双品牌"的国际交流金名片

形成了"丝路学堂"和"丝路工匠"双品牌,推进了北京"一带一路"国家人才培养基地校建设,构建了国际学生培养培训课程体系;积极探索了中外院校合作模式;创建了职业院校国际合作联盟,培育了国际技能大赛品牌,打造了职业教育对外交流"金名片"。

(五)开发了系列性的"技能+语言+文化"特色精品课程

形成了"技能+语言+文化"的课程特色,建设了快捷高效的线上平台(图1-3),便于进行课程发布与管理;推进了"丝路学堂"中泰合作项目,高质量实施了吉拉达技术学院项目班的线上教学、专业共建、标准共享等。

图 1-3 "技能+语言+文化"精品特色双语课程线上资源

五、总结反思

（一）来华人才培养与境外技能培训广泛开展

通过"丝路学堂"这一平台增进国外人士了解中国；通过"丝路学堂"课程学习吸引更多外国学生来华留学或参与线上学习。建设"丝路学堂"海外员工培训基地，服务中国企业走出去。建设"丝路学堂"涉外教师培训中心，面向"一带一路"国家开展线上线下师资培训。

（二）联盟平台促进中外院校的深度交流

由中外53所职业院校组成的"丝路工匠"职业院校国际合作联盟，通过联合培养、课程输出、师生交流、技能大赛、校长论坛等方式搭建平台，促进了北京职业教育与"一带一路"共建国家人才培养、人文交流的广泛开展，提升了新时期中国职业教育对外开放的时代水平。

通过"一带一路"国际职业教育校长论坛，来自"一带一路"17个国家的代表和北京市15所中高职院校对话"一带一路"共建国家人才培养，6个国家的31所院校签订了34份合作协议，为北京与"一带一路"共建国家的职业院校搭建了交流发展平台。

争当国际农业人才共育的探路者

——探索服务"一带一路"农业技术技能人才培养"苏农模式"

摘 要 苏州农业职业技术学院(以下简称苏农院)积极承担国家农业"走出去"任务,创新形成"两中心一基地+双创素质+双技"校政企合作人才培养模式。通过建设海外分校、农业科教服务中心、农业培训中心,开发并输出农业职教标准,针对海外当地需求,制订培训方案并开发适合当地的职教培训资源,逐步形成校政企合作发展的长效机制。学校先后在刚果(布)、印度尼西亚建立中刚地方农业远程科教服务中心、印度尼西亚农业培训中心、印度尼西亚郑和农学院。招收培养当地及周边"一带一路"共建国家和地区的来华留学生,开展农业技术技能培训,共享先进国际化标准,为探路国际农业人才培养奠定了良好基础。学校获批设立农业部苏州培训中心、农业部农业对外合作科技支撑与人才培训基地;荣获江苏省教育国际合作与交流先进学校、江苏高校来华留学生招生网站建设专项评价A等级等荣誉。

一、合作背景

"一带一路"倡议为中国农业发展走向全球提供了新的背景,目前全球已经有超过120个国家和国际组织对"一带一路"倡议做出积极响应。一些"一带一路"共建国家的农业资源及农业发展潜力没有释放,在很多农业产业和领域与我国互补优势明显,有利于我国更大范围地开展农业"走出去"。近年来,我国农业发展取得突出成就,农业职业教育得到巨大发展,"一带一路"共建国家迫切希望中国继续加大农业对外投资和南南合作力度。通过推动中国农业"走出去",帮助缓解发展中国家粮食安全、农业产业发展等问题,为服务"一带一路"农业建设贡献中国力量和智慧。当前,

"一带一路"共建国家中,多数国家的农业产业依然在国民经济中占据主要位置,许多国家虽然近年来坚持大力发展农业,但是农业人才培养体系依然存在巨大的提升空间,农业技术技能人才的缺口巨大,在相关方面急需获得整体提升。苏州农业职业技术学院发挥国家"双高"院校在农业职业技术技能人才培养方面的优势,借助中国·苏州-刚果(布)·黑角市友城项目及服务"走出去"农业企业机遇,对接刚果(布)、印度尼西亚相关政府部门及"走出去"农业企业,探索服务"一带一路"农业技术技能人才培养"苏农模式",主动担当服务农业"走出去",争当国际农业人才培养的探路者。学校按照"开放融合,提升国际化水平"的总思路,构建校政企合作发展的长效机制,在刚果(布)黑角市建立中刚地方农业远程科教服务中心,在印度尼西亚建立印尼郑和农学院、印尼农业培训中心,招收"一带一路"共建国家来华留学生83人,为当地及周边国家培养本土化农业技术技能人才703人。

二、工作目标

学校积极开发并共享农业职教国际标准,培养、培训"一带一路"共建国家农业技术技能人才。服务农业"走出去",开放融合,提高学校国际化水平。

(一)探路国际农业人才输出

服务国家农业"走出去",为刚果(布)、科特迪瓦、印度尼西亚、老挝、塔吉克斯坦等国家培养农业专业技术人才,推广先进农业技术与产品,校政企联合发展,建设海外分校、农业科教服务中心、农业培训中心,为"走出去"企业及外方政府部门、高校等培养农业技术技能人才,同时传播和推广中国先进农业技术。

(二)推广农业职教标准

发挥学校农业技能人才培养优势,牵头开发农业技术技能人才培养标准,推广至"一带一路"共建国家,共享中国农业职教标准,开发农业职教教学资源,包括课程标准和培训标准等。

三、具体做法

(一)多方联动,构建海外科教服务机制

为助力农业"走出去",解决"一带一路"共建国家农业人才匮乏、农业技术落后的问题,学校对接江苏省农业农村厅对外交流合作处、苏州市政府外事办公室、苏州市农业农村局、在苏"走出去"农业企业等,探索海外农业科教服务中心(郑和中心)海外办学及培训模式,逐步构建"两中心一基地+双创素质+双技"校政企合作人才培养模式。

学校参与苏州市友城项目建设,联络刚果(布)黑角市政府,自2017年起,主动参与刚果(布)黑角市农业产业建设和农业技术技能培训项目,接待刚果(布)黑角市农业部门技术骨干来校考察及接受培训。2021年,在前期多方位深入合作的基础上,正式建立中刚地方农业远程科教服务中心(郑和中心),为学校服务"一带一路"共建国家,共享中国农业科教经验新增了一项重要平台,进一步带动了农业新品种、新技术、新模式的推广与应用,推动了远程指导生产和示范,在促进当地农民增产致富方面做出了巨大贡献。图2-1所示为学校举办线上刚果(布)地方农业技术骨干培训班。

学校积极参与服务"走出去"农业企业,支援"走出去"企业海外员工管理培训及技术技能培训工作。2018年,与江苏吉打邦农林生态产业园建设发展有限公司签署校企合作协议,在人才培养、员工培训、技术研发等方面达成合作共识。2019年,建成苏农院印度尼西亚农业培训中心,负责印度尼西亚吉打邦工业园入园企业员工培训及农业技术技能人才校企合作培养。2022年,在原农业培训中心的基础上,学校与印度尼西亚日惹梅尔库布阿纳大学签订合作意向书,建设印度尼西亚郑和农学院(筹)。持续开展"一带一路""中文+职业技能"培训工作,围绕印

度尼西亚郑和农学院、印度尼西亚农业培训中心业务,面向印度尼西亚、马来西亚等国家开展各类主题的长短期培训活动,受到参训学校及学员的一致好评。

图2-1 学校举办线上刚果(布)地方农业技术骨干培训班

(二)双轮驱动,培养农业技术技能人才

学校依托海外农业科教服务中心,面向刚果(布)、科特迪瓦、印度尼西亚、马来西亚、老挝、泰国等国家实施农业技术技能人才培训项目(图2-2),组织开展刚果(布)地方农业技术骨干培训、东盟国家热带花卉园林景观研修、世界园艺博览会"中国唐园""中国华园"技术管理研修、"一带一路"园林营造国际培训、"一带一路""中文+职业技能"培训等国际农业技术及园林园艺技术培训,为相关"一带一路"共建国家的农业领域培养了一批又一批素质过硬、技术过关的技能人才。

学校积极探索校企、校政合作办学模式,自2018年起招收"一带一路"共建国家农业类专业来华留学生,通过企业奖学金、友城项目政府奖学金、学校奖学金等形式资助"一带一路"共建国家的青年来中国学习农业知识、提升农业技术水平。依托当地政府、"走出去"企业等,调研刚果(布)、印度尼西亚等"一带一路"共建国家的农业产业发展现状,针对不同国别的农业发展需求开设了现代农业技术、设施农业与装备、农业跨境电子商务等专业,逐步形成了一套线上线下兼顾,直播录播并行,境内境外同步的双轨融合教学模式。

图 2-2　学校教师与印度尼西亚农业培训中心学员合影

(三)项目载体,输出农业职业教育标准

学校积极参与教育部农业国际合作项目,借助农业对外合作科技支撑与人才培训基地江苏联合体平台,与中航国际深入推进校企合作,输出农业职业教育课程建设和实验室建设标准。2020年项目实施以来,学校与中航国际主动对接,参与推进科特迪瓦七所职业培训学校的设计、建造、装备及协助运营维护项目,指派专门教学科研团队负责项目任务的组织和实施,项目于2023年迎来首批受训教师来学校参加为期半年的培训。学校依托亚太地区世界遗产培训与研究中心、国际竹藤中心等平台,承办2018年世界园艺博览会"中国唐园""中国华园"技术管理研修班、2019年东盟国家热带花卉园林景观研修班系列培训项目,培养"一带一路"共建国家园林花卉行业官员和企事业单位管理及技术人员,开发并向印度尼西亚、泰国、老挝、刚果(布)、科特迪瓦等国推广园林园艺职业培训标准。

四、合作成效

(一)建设海外科教服务中心

印度尼西亚郑和农学院和印度尼西亚农业培训中心的建设,得到印度尼西亚吉打邦工业园、吉打邦教育局及当地高校的全力支持和高度肯定。当地政府和企业积极推荐学生来华学习农业知识和技术技能,组织企业员工参加技术技能培训。学校组织的"中文+职业技能"培训项目取得良好效果,印度尼西亚泗水大学等当地高校来信感谢我校在培训中做出的积极贡献,为学校与相关高校保持农业职业教育可持续合作打开了新的局面。中刚地方农业远程科教服务中心(郑和中心)的建立,得到刚果(布)黑角市政府的大力支持,中国驻刚果(布)大使、苏州市副市长、刚驻华使馆文化科技参赞、黑角市副市长为中心揭牌。中外10余家市级以上媒体争相报道海外中心建设及农业人才培养情况。刚果(布)黑角市政府、市合作办公室多次来电来函感谢学校在服务刚果(布)农业产业建设方面做出的卓越贡献。

(二)培养一流农业技术技能人才

依托印度尼西亚郑和农学院、印度尼西亚农业培训中心、中刚地方农业远程科教服务中心等海外科教服务平台,学校拓展本土化农业培训项目4个,培训农业技术技能人才703人,学员全部来自农业"走出去"企业在当地建设发展的公司以及当地政府和技术研究院所,为解决当地高素质农业技术技能人才短缺问题提供了高效的方案。在过去几年中,海外农业科教服务中心培训人数逐年提高,培训满意度稳步提升,为后续拓展更多农业援外项目,扩大培训规模,维持培训项目可持续发展奠定了基础。校政、校企合作培养"一带一路"共建国家来华留学生,自2018年首次招生以来,面向刚果(布)、印度尼西亚、老挝、柬埔寨、塔吉克斯坦等11个国家招收农业专业来华留学生83人,为当地培养高素质农业技术技能人才。多数来华留学生毕业回国后进入中国"走出去"企业及当地政府农业部门从事管理、技术、咨询、贸易等工作,其中第一批3名中刚联合培养来华留学生回国后受到了当地政府热烈欢迎(图2-3),3名毕业生目前都被黑角市政府合作办及农牧业局聘用,正协助对接更多友城合作项目,继续为中刚农业交流贡献力量。学校注重留学生创业能力培养,建立课堂教学、自主学习、指导帮扶与实践创新为一体的国际学生创新创业教育体系,培养了一批投身农业国际贸易的创业青年,学校首批农业国际贸易专业印度尼西亚籍留学生在毕业后成立了自己的国际贸易公司,在印度尼西亚南加里曼丹和中国深圳设立子公司,已立足当地并计划延伸到更大的国际市场。图2-4所示为留学生在基地参加实训。

图2-3 刚果(布)当地电视台报道首批中刚联合培养留学生学成归国

图2-4 留学生在基地参加实训

(三)输出中国农业职业教育标准

学校牵头和参与开发土壤耕作制度、蔬菜生产技术、园林土壤学原理、农业商业计划等农业技术专业国际化课程标准13个,制定热带花卉学、园林建筑及其养护、园林植物栽培整形修剪技术等培训标准6个,相关课程标准及培训标准在刚果(布)地方农业技术骨干培训班、"一带一路""中文＋职业技能"培训、东盟国家热带花卉园林景观研修等项目中广泛应用,目前陆续推广至刚果(布)、印度尼西亚、泰国、老挝等国。学校依托"江南园林文化及造园技艺传承与创新"国家教学资源库项目,搭建线上园林博物馆、江南园林资源库和学习中心,开发《园林绿化工职业技能实操考核评价》《江南园林传统营造技艺古建筑工种行业评价规范》等国际化技能标准5部。2022年,学校主持设计、建造、养护的"中国竹园"荣获荷兰世园会组委会室外展园铜奖(室外展园总分第3名)和最佳体验奖。这是学校多次获得世园会最高奖后,第四次代表国家建设"中国园",建设团队积极传播苏州造园技艺,输出中国优秀文化,增进国际文化交流。

五、总结反思

苏州农业职业技术学院坚持校政企联合合作模式不断创新,进一步扩大调研"一带一路"共建国家农业产业现状覆盖面,挖掘更多友城合作项目,结合"走出去"农业企业发展要求,发挥农业专业优势,以培养农业专业技术技能人才为基石,以服务当地农业发展为目标,线上线下结合多渠道开展农业合作与培训项目,探索新产品(新品种)、新技术在当地的推广与应用渠道。努力探索农业校政合作发展新渠道,竭力服务"一带一路"农业建设,为"走出去"农业企业搭建更多优质平台,为加强友城合作、服务"走出去"农业企业做出卓越贡献,为争当国际农业人才输出的探路者做出表率,为"一带一路"农业技术技能人才培养贡献"苏农模式"。

共同浇灌中国-印度尼西亚高职教育合作之花

——江苏农牧科技职业学院国际合作典型案例

摘 要 高等职业教育为我国经济发展提供大量专业性人才,为响应"一带一路"倡议,江苏农牧科技职业学院与"一带一路"共建国家积极开展合作交流,取得了一定成效。其中江苏农牧科技职业学院与印度尼西亚任抹州立理工学院聚焦两国农业基础性产业发展对人才的需求,成功开展了园艺技术、畜牧兽医、食品科学专业的学生交换学习项目,提升了两国农牧产业链国际化人才培养质量,该项目于2018年荣膺中国教育国际交流协会首批"中国-东盟国家高职院校特色合作项目"。

一、合作背景

中国与印度尼西亚同是农业大国、人口大国,农业对两国经济的发展都至关重要。由于地理位置与自然条件的差异,两国的农业发展各有特点,这种差异性与互补性正是江苏农牧科技职业学院(以下简称"江苏农牧学院")和印度尼西亚任抹州立理工学院(以下简称"印度尼西亚任抹学院")合作的重要前提。与此同时,在"一带一路"倡议下,两校开展高职教育合作、联合培养农牧类专业高技能人才,对服务两国农业基础性产业发展,促进农牧产业链与高职教育协同发展,深化两国经贸往来与民心相通,具有重要意义。两校的农牧业办学特色鲜明、办学条件好、国际化办学氛围浓郁,携手开展农牧类专业人才培养合作既有坚实基础,更是历史担当。2015年,印度尼西亚任抹学院的那能院长一行访问江苏农牧学院,与时任江苏农牧学院党委书记吉文林、院长何正东进行友好会晤与磋商,就联合培养农牧类专业交换生项目进行了深入讨论并达成合作协议,决定以畜牧兽医专业（印度尼西亚方为动物科学专业）为试点，以全英文授课方式开展农牧类专业交换生项目。

二、工作目标

学校聚焦农牧产业链发展需求，面向"一带一路"国家建设培养具有国际化视野、国际化能力的高技能人才，服务中国农牧业"走出去"，不断提升学校国际化水平，促进农牧产业链与高职教育协同发展。

（一）做两国农牧技术的传播者

聚焦两国农业基础性产业，开展园艺技术、畜牧兽医、食品科学专业学生交换学习，传播具有两国特点的农牧产业技术技能，培养具有国际思维、国际视野的高水平技术技能人才。

（二）做农牧业职教标准的推广者

发挥学校国家"双高"计划人才培养资质的优势，综合考虑中外人文地理差异、教学思维特色等情况，牵头开发具有中国特色的农牧业人才培养标准，在"一带一路"共建国家推广应用，输出中国职教标准和教学资源，提升人才培养质量，增强中国职业教育在"一带一路"共建国家的适应性和国际传播力。图3-1为学校园林园艺学院教师为印度尼西亚交换生讲授植物栽培课程。

图3-1　学校园林园艺学院教师给印度尼西亚交换生讲授植物栽培课程

三、项目过程

（一）项目起步情况

双方院校领导高度重视该项目的组织落实，要求项目开好头、起好步。2015年3月起，在双方院校主要负责人的亲自组织下，双方相关部门合作制订了宣传方案、学生遴选办法和专业人才培养方案，并组织开展了学生遴选和全英文课程教学的准备工作。同年7月31日至8月1日，由江苏省教育厅、中国-东盟中心联合举办的中国-东盟职业教育校长高峰会在苏州召开，并就首批交换生项目的实施准备工作进行了深入磋商。

2015年9月22日，江苏农牧学院动物科技学院7名学生赴任抹学院动物科学专业开展为期3个月的全英文专业学习；同期，印度尼西亚任抹学院动物科学系3名学生来学校畜牧兽医专业开始为期3个月的全英文专业学习。

交换生项目在双方校内外引起较大反响。2015年10月7日，印度尼西亚东爪哇省主流媒体《爪哇邮报》对江苏农牧学院学生参加交换学习项目进行专题报道。

（二）项目深化实施情况

首批交换生项目的成功实施，在两国教育界特别是两校农牧类专业学生中引起强烈反响，学生和家长们纷纷要求增加项目覆盖专业，圆更多孩子的"留学梦"，这与双方领导达成的共识和顶层设计不谋而合。2016年起增加园林园艺专业学生交换学习项目，2017年起增加食品加工专业的学生交换学习项目，圆了更多孩子的"留学梦"。

双方院校负责人高度重视该合作项目，不仅多次出席开班典礼、结业典礼，看望对方交换生，而且从学习上、生活上给予对方交换生以关心和支持，从政策上鼓励本校学生积极参加交换学习活动。为了鼓励中方学生积极参加包括交换学习在内的各类出国（境）学习，江苏农牧学院于

2017年修订了学生出国（境）学习管理办法，在经费上给予大力支持、在组织上明晰了职责、在管理上明确了具体要求，促进了学生交换学习项目的规范化管理。文件的出台，激励了更多中方学子走出国门、开启留学生涯。

四、合作成效

交换生项目在促进两校专业人才培养、课程资源建设、师资队伍建设、教育国际化发展等方面绩效显著。

（一）培养了一批具有国际视野、国际能力的农牧类专业人才

自2015年实施该项目以来，印度尼西亚任抹学院3个专业131名学生、江苏农牧学院3个专业122名学生参加了该项目学习。这些学生通过学习，大大拓宽专业学习的国际视野，极大增强了专业国际能力，提高了就业竞争力。

同时，该项目辐射带动了更多学生的进步和提高。参加该项目的学生在日常教学和生活中，与对方院校师生开展友好互动，影响带动了更多同学树立国际意识、拓宽国际视野。学生们深入到企业、社区、高中与印度尼西亚人民面对面开展交流活动，并走进当地电台通过分享学习和生活体验，促进了两国人民的民心相通。

（二）建设了一批适应两国农牧业发展需求的精品专业和课程

项目实践中，两校高度重视围绕对方农牧类产业发展需求开展专业、课程资源建设，合作开发建设了一批优质资源。其中，江苏农牧学院在项目实施过程中通过8门省级立项建设的全英文精品课程、30门校级英文精品课程、12门技术培训微课程建设，打造精品课程资源。畜牧兽医、动物医学专业成功入围省级"十四五"国际化人才培养品牌专业。

（三）培养了一批熟悉两国农牧业发展特点、具有国际教学能力的专业教师

项目促进了专业教师的交流与合作，培养了一批熟悉两国农牧业发展特点、具有国际教学能力的专业教师。项目实施以来，两校教师互访 15 人次，就两国农牧产业发展需求、交换生人才培养方案制订、开发建设课程资源、项目管理与运行等进行了全方位交流，合作交流的质量和成效不断提高。

（四）提高了两校教育国际化发展水平和美誉度

经过双方院校共同努力，农牧类专业群学生交换项目已经成为两校教育国际合作的品牌项目，两校的教育国际化发展水平也因此有了大幅度提升，社会美誉度不断提高。

江苏农牧学院先后荣获"留学江苏培育学校"称号、荣获世界职业院校与技术大学联盟 2020 年度"应用研究与创新"卓越奖；2017 年，江苏农牧学院被列入农业部首批农业对外合作科技支撑与人才培训基地；江苏农牧学院"印度尼西亚园艺技术专业优秀高技能人才培养项目"入选 2018 年留学江苏优才计划高技能人才项目名单。

交换生项目的成功实施引起了印度尼西亚教育界的关注。越来越多的印度尼西亚学生想来江苏农牧学院学习。截至目前，学校共招收印度尼西亚籍全日制留学生 400 余人。2019 年，印度尼西亚农业教师和教育人员发展和资质中心选派 30 名职教教师，委托学校对他们进行动物科技、食品科技、水产科技方面的专业培训。培训理论结合实践技能，开阔了参训教师农业发展领域的见识、增强了专业技能。该项目是继交换生项目之后，与印度尼西亚等"一带一路"共建国家开展合作的又一国际项目。同年印度尼西亚西努沙登加拉省与学校签署备忘录，为其培养农业人才。

（五）为开展更高水平的合作打下了坚实基础

2016 年 10 月 2 日，包括印度尼西亚任抹学院在内的来自不同国家和

地区的 18 所农牧院校及教育机构齐聚江苏农牧学院，共商成立国际农牧业高等职业教育联盟事宜。会议签署了关于同意筹备国际农牧业高等职业教育联盟的协议。2018 年 9 月 15 日，国际农牧业高等职业教育联盟在江苏农牧学院成立。

2019 年，东南亚教育部长组织官员带领 20 个印度尼西亚职业院校与学校签署合作备忘录，围绕在印度尼西亚扩大招生规模、拓展招生专业、专业教师来华培训等合作事宜达成共识。

通过项目合作，双方学院对对方国家农牧业发展的特点有了较为深刻的认识，为在联盟框架下开展深度合作奠定了坚实基础。双方积极合作，研究制订开展 2 项印度尼西亚农牧产业发展和高技能人才需求调查的实施方案，以及开发 3 个印度尼西亚院校认可的专业教学标准实施方案，在更高的平台上为国际现代农牧业发展做出新的贡献。

2020 年，双方院校就共建工作召开线上视频会议，就动物科技、园林园艺、食品加工、信息工程等专业进行了详细的交流与会谈，与对方达成了共建"丝路农坊"合作备忘录，丰富了合作内涵。

2021 年，面向印度尼西亚海大集团等"走出去"企业开展印度尼西亚籍员工"丝路农坊"饲料生产技术和水产养殖技术线上培训，帮助企业解决了技术难题。

五、总结反思

双方把交换生项目作为深化学校教育国际合作、提高人才培养质量的重要抓手，在政策、资金、人力、物力等方面给予很大支持。为保证项目规范运行，双方在项目宣传发动、学生遴选、人才培养方案制订与修改、课程成绩评定、绩效评价等环节形成一系列规章制度，形成了较为完善的、促进项目可持续发展的运行机制。经上级批准，江苏农牧学院于 2017 年 10 月成立了国际合作交流中心和国际教育学院，与相关二级学院一起具体实施该项目，从体制上进一步理顺了内部管理关系、保证了该项目的规范运行。

合作双方积极巩固和扩大项目实施成果，共同致力于国际农牧业高等职业教育联盟筹备工作,搭建国际教育交流平台,促进资源共享、优势互补,以创建国际农牧业高等职教联盟为契机,促进项目可持续发展。双方合作制订在联盟框架下开展2项印度尼西亚农牧产业发展和高技能人才需求调查的实施计划,以及开发3个印度尼西亚院校认可的专业教学标准,为在更高水平的国际合作平台上深化本项目合作、促进项目可持续发展进行了充分准备。

中国味　世界能　国际范

——基于"丝路课堂"的中职国际化技能人才培养创新实践

摘　要　国际化技能人才培养是当前中职教育教学改革的新视域,本案例基于国家"一带一路"倡议诉求,针对中职学校毕业生国际化能力不足的问题,以"丝路课堂"为载体,对接国际化职业能力标准,构建"丝路课堂"课程体系、教学范式、资源平台等,探索培养餐旅行业国际化人才的新路径,培养具有"中国心、世界能、国际范"的高素质技能人才。

一、实施背景

当前,中职学校在国际化技能人才培养上普遍面临以下三个突出难题。

（一）在国际化教学中忽视民族自尊、文化自信,难以展示东方大国风范

从国际化课程建设来看,学校已开设了公共英语、双语、跨文化交流等国际化课程,但学校现存的国际化教学模式和方法陈旧,仍停留于课堂讲授式,教学效果差。在推进中职国际化技能人才培养模式改革中,过度强调单向引入,缺乏中国文化"内核",在传统文化培育、共享方面缺乏系统化的课程体系。

（二）缺乏与国际标准接轨的有效途径,国际能力的高素质技能人才培养难以落地

据调查,32.7%的浙江籍海外侨胞从事餐旅行业,大批华侨回乡开办国际化酒店,国际上和本地国际酒店技能人才存在"用工荒"。中职学校国际先进知识的专业课程和国际职业资格证书课程稀少,教学效果差。学校毕业生国际化学习能力、语言沟通能力、文化理解能力、职业能力均不足,

难以满足国际和区域对餐旅国际化技能人才的要求。

（三）缺乏国际化教育的有效资源，国际化合作机制不健全

学校地处全国最大侨乡，但全球的侨乡侨领、校际合作、校企合作的利用程度不够。目前国际化教育机构设置和国际化合作制度尚不健全，对国际化合作中的师资队伍、课程建设、课堂改革、产教融合等要素协调不足。这导致了学生国际化能力偏低、学生境外就业人数少和质量低、国际生对中国文化理解不足等问题。

二、主要做法

学校积极探索，通过以下三种方法破解国际化技能人才培养面临的困境。

（一）基于中国"味"，构建中国底蕴"丝路课堂"课程体系，涵养"中国心"

学校强化中西对话、产教融合、中高职一体协同育人，开发中国味"四跨"国际化能力模型：跨文化理解力、跨国际职业力、跨国界学习力和跨文化交流力（图4-1）。在传统六艺（礼、乐、射、御、书、数）基础上，开发了"礼、乐、社、域、书、术"新六艺课程，包括传统礼仪、中国美乐、社团体验、地方非遗、经典诵读、技艺传承等六类课程，建设8门中国味的国际化课程。

图4-1 中国味"四跨"国际化能力模型

1. 建设传统礼仪与经典诵读课程,培养学生跨国界学习力

建设"孔子课堂"传统文化课程,主题涵盖经典朗诵、传统礼仪、书法和研学等传统文化课程。一是在传统文化方面,学校开展"读《论语》、品《中庸》"等经典诵读活动,定期组织经典读书会和人文讲坛。在诵读开始前,学生首先学习"习礼",如夫子行拜礼等,然后在古典音乐氛围下开始诵读经典,做到了诵读经典和学习礼仪的完美结合。二是国际文化研学方面,学校与韩国全南技术科学高等学校等"姊妹学校"共建中外校际文化研学课程,由中外多个国家教师指导学生开展文化探索与学习,培养学生的跨国界学习能力。

2. 建设国际化社团体验和中国美乐课程,提升学生跨文化交流力

在社团体验课程方面,组建温州肯恩大学-温州华侨职专教学联合体,定期组织学生体验肯恩大学国际化课程,引导学生树立国际化职业理想;成立学生"华侨社团"(图4-2),由学生承办学校的国际交流活动,接待外国师生访问团、担任国际烹饪班助教、组织国际交流论坛等,增强学生跨文化理解和交流能力。

图4-2 学生"华侨社团"活动

3. 建设地方非遗课程,提升学生跨文化理解力

学校结合浙南地区的脸谱制作、茶艺、面点等非遗项目,开发地方传统非物质文化遗产课程(图4-3),供"姊妹学校"来访学生选修,组织学校学生与来华学生开展龙湾孔庙、世界温州人博物馆等研学活动,开展"悦读茶享会"等主题文化交流活动。实践证实,非遗特色课程向来华学生传播了中国文化,让中外学生用中文或外语沟通,提升学生的跨文化理解和交流

能力。

图 4-3　传统非物质文化遗产课程

（二）基于全球"眼"，创新国际水准"丝路课堂"教学范式，培养"世界能"

1. 常设"寻根中国"夏令营，开展儒家"新六艺"体验教学

承办由国务院侨务办公室主办的"寻根中国"夏令营（图 4-4），发挥烹饪、旅游、工美三个专业的优势，以儒家"六艺"为主题，开设"新六艺"孔子课堂。孔子课堂连续开设 15 年，用传统文化课程涵养 985 名海外华裔青少年的"中国心"，获得上级部门、家长、营员的赞誉。

图 4-4　"寻根中国"夏令营

2. 组织"亲情中华"主题夏令营，开展民风乡土教学

招收海外营员，开设中文课程和瓯菜、瓯塑、米塑制作等传统文化课程，开发温州民俗民风的乡土教材，包括《温州非物质文化遗产》《温州民俗》《温州著名的风景》《温州俚语》等。另一方面，组织海外校友和技能大师为烹饪专业学生开设"海外课堂"，课程内容包含西餐技艺、海外创业管

理等。向海外华侨子女传播温州乡土文化,厚植"家乡情"。

3.建设中餐技艺研学基地,开展"中国味"主题教学

联合温州医科大学、温州大学和温州职业技术学院等高校,成立国际留学生中华传统文化体验基地(图4-5),招收来温州的国际留学生,举办中式烹饪国际班,开设懂刀工、掌火候、讲手法、拼技艺四个主题课程,从"中国味"入手培养留学生的"中国心"。

图4-5 国际留学生中华传统文化体验基地

4.搭建"云上海外课堂",开展餐旅职业技能行动教学

依托线上直播和录播等云课堂,一方面面向海外中餐馆的校友开展"回炉"技能提升培训;另一方面服务温商餐饮企业,为员工定制化提供中餐礼仪和烹饪技能培训课程。在研习西餐技艺中增强学生的"世界能"。

5.组建全球中高职校企合作共同体,实施海外驻店教学、欧洲带薪实习项目,养成"世界范"

支持烹饪专业高三学生到5个欧洲国家的中餐馆带薪实习,实习期为一年,实习结束由学生选择国外就业还是回国就业。同时,启动中职技能人才海外就业项目,创建浙江省第一个中西烹饪专业,建设八角西餐实训中心,开设中餐和西餐两个专业方向。

(三)基于"国际范",打造中西交融"丝路课堂"资源平台,助力"地球村"

1.整合国际化合作资源,组建国际化办学"朋友圈"

学校依托侨领资源,与"一路一带"共建国家16所职业学校建立"姊

妹学校"合作关系,包括奥地利维也纳中文学校、尼日利亚奥公贡州理工学院、韩国全罗南道全南技术科学高等学校等,重点建设烹饪和星级酒店管理为主题的餐旅专业链。烹饪专业2013年建设为浙江省示范性专业,2017年建设为浙江省"三名工程"的名专业,2020年入选浙江省"双高计划"的高水平专业建设项目,被评为"国家级餐旅服务实训基地",浙江省"五个一批"产教融合公共实训基地。同时,学校与包括尼日利亚等国家的26个行业商会建立合作关系,构建"同育·双导·共赢"的育人模式。烹饪专业"1+4"模式入选浙江省"中职教育质量提升"校企合作共同体项目,入选浙江省现代学徒制试点单位,实践模式受到多家主流媒体关注。

2. 成立海外校友会,编制全球化"校友网"

重视和盘活校友资源,将"走出去"的华侨学子组织起来,致力于讲好中国故事、传播好中国声音和中华优秀文化,成为中外交流的重要使者。突破地域限制,成立6个海外校友会,覆盖全球45个国家地区,组建成一个广阔的校友资源网,从而在学业、就业、职业生涯规划、师生互动等多个层面实现新颖而长久的合作关系,畅通国际化办学的师资和就业资源。

3. 成立学校侨务办公室,专门服务国际化办学

学校成立由侨领组成的董事会,定期召开董事会议,商议学校国际化办学发展大计,加强学校与侨胞的联系。学校设立校级侨务办公室,该办公室由学校校长、党委书记亲自联系分管,专门负责学校华侨事务和国际化教育事务。学校侨领董事会和侨务办公室的成立保证国际化合作教育事务的高效办理。

4. 引进国际职业技能教师和职业资格证书,建立"双向循环"国际合作机制

与欧洲五国签订技能人才出海的合作协议,构建和推进"引进来"和"走出去"相结合双向循环合作交流机制。在"引进来"方面,积极引进国外优质教育资源。在"走出去"方面,实施欧洲五国带薪实习计划,为国际高星级酒店和中餐馆培养国际化烹饪和酒店管理的技能人才,开展海外中餐店员工培训计划,建设"丝路课堂"和"孔子课堂",选拔"中文+技能"教师团队,赴"姊妹"学校进行长短期海外"支教+研修",推进中国"新六艺"出海项目,向世界说好"中国职教故事"。

三、成果成效

三项举措有效提升了学校国际化技能人才培养的规模和质量。学校实现了餐旅专业教师"国际化、双师型"校本培养,带动了新疆、辽宁、浙江等18所职业学校开展"丝路课堂"国际化改革,得到全国政协港澳台侨委员会和省教育厅领导高度肯定,《中国教育报》2次报道,中央电视台4次报道。案例入选教育部职业教育改革发展和国际交流合作特色案例,并在首届世界职业技术教育发展大会展示交流。

(一)培养了"中国心、世界能、国际范"高素质技能人才

8年来,91名毕业生在"一带一路"共建国家中的11个国家的星级酒店和中餐馆成功就业创业;为295名海外华裔青少年提供中华文化的传承学习;近三年,为189名国际来华留学生提供中餐烹饪技能和中华文化的课程学习。学生职业综合能力突出,获28项国家级奖励和57项省部级奖励。

(二)打造了教师专业成长"加速度"国际化"引擎"

在国际获奖方面,学校教师团队获第24届国际美食图书大赛特殊贡献奖和亚洲最佳美食图书设计奖;获中餐烹饪世界锦标赛金奖、中餐面点项目季军;获FHC西餐世界邀请赛铜奖。在国内获奖方面,专业教师获浙菜名厨全国邀请赛特金奖、浙江省第二届名茶名点茶肴大赛金奖;中央电视台《千城百味》专题报道,《舌尖上的中国》到校拍摄。在课程建设方面,出版4部"中国味"教材,开发4部乡土特色校本教材。

（三）建成国家级中职学校国际化教育基地

2020年，学校获中国华侨国际文化交流基地、省职业教育改革发展优秀典型案例，入选省首批高水平职业学校建设单位；2019年，获省首批华侨国际文化交流基地；2018年，成立国际留学生中华传统文化体验基地；2017年，入选省中职名校建设特色项目；2016年，获省华文教育基地。

四、经验总结

学校在高素质技能人才国际化培养载体、教学模式、资源平台等方面实现了创新和突破。

首次提出了以"中国味"为底色的国际化课程新思路——系统整合和开发了中外双元课程、美食研学课程、社团活动课程、思政课程等组成的国际化课程体系。根据中职学生"中国心、世界能、国际范"的国际化能力模型，构建了中西餐对话、中外文兼修、文化与体验交融的国际化课程新样态，以餐旅专业为依托，构建了中职学校系统的国际化教育课程体系，首次在国内中职学校中打造了面向"一带一路"的"丝路课堂"课程体系（图4-6），并输送餐旅行业技术技能人才。

图4-6 "丝路课堂"课程体系

学校提出了以"世界能"为核心的"无边界"丝路课堂新范式——构建了"文化留根"和"技能出海"德技并修的国际化教学模式(图4-7)。以文化育人和德技双馨为教学理念,强化国际化教育"文化留根"课程教学改革,开展"中国味"主题课程教学,涵养国际留学生"中国心";推进"留学浙江"品牌打造计划、学生欧洲带薪实习项目以及技能人才海外就业项目,在国内中职学校中率先实现"技能出海"的国际化教育目标,服务人类命运共同体构建。

图4-7 学生获国际职业技能证书

学校提出了以"地球村"为目标的中西交融资源平台——基于餐旅专业中餐与西餐的"东西融合"推进中职国际化教育(图4-8),用"中国味"孕育"中国心和世界能"。开通国际化教育"高速路",组建1个"行业、企业、中职和高职"国际合作共同体,向全球招收华侨子女入学,探索国际化背景下中高职贯通培养模式;编织全球化"校友网",畅通国际化办学的师资和就业资源,向全球讲好"中国职教故事"。

图 4-8　外教指导学生西餐制作

下一步,学校将继续深化与国际教育集团、海外知名职业院校的合作,引进一批优质课程资源,积极有序推进境外办学和技术技能培训,建设融合式国际化人才培养体系,为学生提供更多的海外就业、创业和留学渠道,让更多的学生享受国际化办学福利。

坚持守正创新，共筑中南合作新样本

——杭州科技职业技术学院中南职业教育合作纪实

一、合作背景

杭州市富阳区职业高级中学立足高质量人才培养，搭建校企多元合作平台，创新项目，努力拓宽国际合作渠道，通过中外合作办学项目，提升中外合作办学质量，培养国际视野技术技能人才，开展服务"一带一路"共建国家人员技能培训，实现提升学校国际化办学水平及国际化能力。学校服务地方"大都市新型城区"和"新制造业计划"部署的重要举措，成立以学校为理事长单位的产业学院合作平台——富阳区新制造业产教联盟，实现校企、校际优势互补和资源共享，更多更好地满足行业企业转型发展对国际素养技术技能型人才的需求，不断提升学校服务企业"走出去发展"的能力。

二、工作目标

以教育开放促教育改革，以教育国际化促教育现代化，丰富和扩大教育国际交流合作，探索中外中高职互联互通的办学模式，积极引入国际先进职业教育的专业、课程和国际通行职业资格证书培训测试项目，提升学校专业建设现代化水平，培养国际视野技术技能型人才。

立足区域经济结构调整和产业输出需要，以深化国际化合作为指引，大力推进服务"一带一路"项目建设。以学校为主体，以"走出去"企业为骨干，以提高产品国际竞争力为目的，培养国际化视野和国际服务能力的师资队伍，建立基于大师指导下的现代学徒制，为企业产能输出提供人才保障。积极开展对外技术培训,帮助国际来华人员提高技术水平和生产能力。和"一带一路"共建国家加强职业教育交流与合作,共同促进专业建设,提高专业人才培养质量,为"一带一路"保驾护航。

三、具体做法

(一)面向国际,制定国际合作办学规划

1.科学制定国际合作办学规划

学校在制定事业发展规划过程中,始终以国际化合作办学作为重要内容制定实施方案。学校《"十三五"事业发展规划》制定了"国际交流合作提升工程",目标编制了"全球视野、沟通理解——推进国际理解教育""国际标准、互联互通——国际合作专业建设"等项目,明确了建设任务、预期目标,落实了职能部门和行动计划。学校《"十四五"事业发展规划》制定了"以互融互鉴为目的,推进国际化办学行动",优化制定了"虚实融合、交流互鉴,推进国际理解教育""引进资源、拓宽领域,实施中外合作办学""丝路学院、广传国标,创新国际服务项目"等3项任务,明确相关落实部门,制定实施内容和举措。通过制定规划,学校教务处、相关专业部等,以规划为指引,有序推进国际化合作办学。

2.依托创建推进国际合作办学实施

学校以创建促发展,以国际合作办学为特色。学校在推进浙江省中职名校建设和浙江省"双高计划"学校建设中,都将国际合作办学作为重要建设内容。"十三五"浙江省中职名校建设期间,学校设立了"建设国际项目校企合作平台,产教融合服务'一带一路'"建设项目;"十四五"浙江省"双高计划"学校建设中有"多方协同,探索职业教育国际化发展新路径"建设内容。

(二)多元协作、搭建国际合作项目平台

1.中外协同,共建国际教育交流中心

学校和澳洲国际职业教育中心合作成立国际教育交流中心,服务企业

"走出去"。学校在省级开放性实训基地、产学研联合体、机电一体化高新技术研发中心基础上,聘请全国技术能手吴玉泉大师等专家、学者成立产教服务中心,为人才培养、项目培训、技术研发、国际交流提供服务和保障。

2020年,与韩国加图立大学、韩国明知大学达成开展教育交流合作意向。

2.中高协作,共建智能装备技术产业学院

依托富阳区新制造业产教融合联盟平台,通过企业支持办学建设、企业参与办学过程、企业检验办学成效,构建校企深度融合、协同育人的办学模式。建立以培养国际素养应用型技能人才为主体,对接富阳区域智能装备、集成电路支柱产业、新兴产业和特色产业链,与企业共建智能装备技术产业学院。在建设过程中,通过专业群的示范引领作用,共享其优质的教学资源,带动其他专业的发展,促进学校专业建设的整体推进。从而提升人才培养规格,培养国际素养的技术技能型人才,满足企业国际化需要。

产业学院实行理事会领导下的院长负责制,成立由学校、企业、行业、政府等多方代表组成的理事会,负责对产业学院办学中有关专业设置(动态调整)、专业建设、培养方案制订、课程建设、教师队伍建设、行业企业专兼职教师选派等重大问题进行审议、决策、检查、指导、监督和协调。产业学院设院长1名,由校领导兼任;副院长2名,由产业学院所牵头的专业部部长兼任;还有1名副院长由企业方人员担任。产业学院下设综合办公室,并配备专职管理人员负责产业学院的校企合作工作。产业学院与合作企业深度合作,校企双方通过共建的产业班,进行订单式人才培养,并允许合作企业对产业学院的产业班进行冠名(如金火班、华达班、三方班、富芯半导体班)和建立精准式培训机构工作专班,对企业已有的职工进行再培训、技能素养再提升两种运行模式。

3.校企协力,搭建技能大师工作室平台

通过搭建技能大师工作室平台,选派专业骨干教师出国培训、进修,校企合作培养等多种形式,帮助教师提高国际服务能力和信心。其中"吴玉泉省级技能大师工作室"由全国技术能手吴玉泉为负责人,面向"一带一

路"国家和地区提供水电设备升级改造扩容服务,帮助开展技术培训,接待来华专业人员的国际考察和交流。2019年吴玉泉大师工作室被中华人民共和国人力资源和社会保障部认定为"国家级技能大师工作室"。"章建海机修钳工富阳区级技能大师工作室"由浙江省百千万优秀技能人才章建海老师为负责人,开展机电一体化高新技术研发、设备研制,为企业提高产品国际竞争力提供技术保障。"汪辉斌工具钳工技能大师工作室"主要研究模具研发与制造。

(三)育训结合,创新国际合作办学模式

1. 交流互鉴,推进国际理解教育

推进国际理解教育课程教学。开展国际理解教育特色品牌项目建设,开设国际理解教育选修课程,中外合作开发国际理解教育校本教材,积极组织学生参加PISA考试,聘请外籍教师来校开展教育教学工作,中外合作构建虚实一体的交互式课堂。

加强中外多元文化交流互鉴。积极开展与海外职业学校(如韩国、新加坡等国家)结对交流、师生互访活动,积极参与跨文化交流活动。在学校开展模拟联合国社团活动,开展世界非物质文化遗产教育教学活动,制作在线非遗教学内容,传递世界多样性和可持续发展理念。建设学校英语角,提高学生的英语语言应用和交流能力。

2. 拓宽领域,实施中外合作办学

推进中外合作办学。建立中韩等国家的合作办学模式,新增国际先进职业教育合作专业,提高中外合作办学学历层次,扩大职业教育国际交流合作,建设国际职业教育交流与服务中心,每年选拔一批优秀学生到国(境)外职业院校访学或赴国际知名企业实习。

引进国际优质教育资源。加强中外合作办学师资力量,聘请专兼职外教教师来校授课,引入国际化课程和国际通行职业资格证书培训测试项目,合作培养具有国际视野的技术技能型人才。

3. 丝路学院，创新国际服务项目

成立国际服务中心。创新国际服务机制，整合国际教育资源。依托大师工作室、行业龙头企业、高校留学生学校等，打造国际教育服务基地，开发国际培训精品项目，编写优秀传统文化、先进职业技能校本教材。建设一支高水平国际服务师资队伍，积极开展国际交流与培训，为企业培训国际化员工。

校企共建丝路培训学校（图5-1）。积极拓展国际服务，与富通集团有限公司、杭州星帅尔电器股份有限公司等单位合作，在"一带一路"共建国家建立丝路培训学校。校企合作开发培训资源，为所在地员工开展技术技能培训，帮助他们掌握中国先进生产标准和制造工艺。

图5-1 外籍教师在上课

四、合作成效

1.人才培养有成效

开设AICC国际班，至今共有5届，13人成功走出国门，服务企业。目前，国际合作培养在校班级5个，学生24人。

依托产业学院，学校与合作"走出去"企业合作开展订单班（表5-1），累计完成12个订单班，为"走出去发展"企业累计培养学生230名。

表 5-1 订单班情况

序号	年份	订单班名称	合作企业	学生人数	专业
1	2010年	富春江集团班	富春江集团	18	电子技术应用
2	2011年	三普机械班	杭州三普机械有限公司	27	机械专业
3	2012年			32	机电一体化
4	2013年	华达班	浙江华达新型材料有限公司	25	数控专业
5	2014年	金火班	浙江金火科技实业有限公司	20	数据专业
6	2015年	永盛班	浙江永盛科技有限公司	25	机电一体化
7	2016年	三方班	浙江三方控制阀股份有限公司	17	机械专业
8	2017年	金火班	浙江金火科技实业有限公司	23	数据装调
9	2018年	永盛班	浙江永盛科技有限公司	27	机械专业
10	2019年	无人机班	国鹄航空(杭州)有限公司	13	无人机专业
11	2020年			23	
12	2021年	富芯半导体班	杭州富芯半导体有限公司	41	电子技术应用

2. 开展"一带一路"共建国家人员来校培训

2019年水利部组织亚洲国家水资源综合管理高级别官员研修班31位学员,来富阳考察水力发电设备生产和行业人才培养情况。研修班学员由来自斯里兰卡、印度尼西亚、马来西亚、菲律宾、泰国、柬埔寨、越南、老挝、蒙古国等9个"一带一路"国家的政府官员、专家学者、企业高管组成。杭州市富阳区职业高级中学与杭州富春江水电设备有限公司合作成立工作专班(小水电培训班)。工作专班(图5-2)由语言翻译、技术讲解、实训操作等专家组成,组织学员考察企业生产车间,观摩水电运行控制培训中心,体验特色科普发电,实训操作等活动。自2017年至今与杭州富春江水电设备有限公司合作完成4批次国际考察交流接待任务,为推进"一带一路"建设和国际合作做出了贡献。

图 5-2　工作专班

3. 开展留学生体验式培训

2021年杭州市富阳区职业高级中学依托智能装备技术产业学院,对23名南非留学生的职业技能、职业素养等进行全方位的培训提升。产业学院设计以加工带有富阳职高标志的小榔头为任务的项目驱动,引导学员学习钳工、普车工、数车工、3D打印工等各工种的基本技能。学员的加工成品件作为礼品赠送给自己,增加了学员的学习热情。在培训期间还安排多场与本校学生的交流活动,他们就南非的本土文化、留学生在杭州的学习生活情况及学习所得进行了思想碰撞,让留学生更加热爱中国。产业学院这一系列有趣而富有创造性的活动受到了南非友人的高度肯定和赞赏。图5-3为"一带一路"国家小水电站管理研修班。

图 5-3　"一带一路"国家小水电站管理研修班

4.共造个性化丝路学院

新制造业产教融合联盟合作企业富通集团、广安电器在越南、巴西都开办了工厂。通过校企合作,学校根据企业的用工、培训等需求,精准定制,共造个性化"丝路工坊"。图5-4为南非留学生技能提升培训。

图5-4　南非留学生技能提升培训

五、总结反思

1.帮助企业培养更多具有国际素养的人才

需要对学生加强引导,帮助学生树立正确的职业发展观;同时搭建平台,吸引更多高职院校毕业生回富阳就业、创业。

2.打造优秀的国际交流项目,吸引国际生来校交流学习

打造优秀的国际交流项目,创树国际特色品牌,吸引国际交流生、留学生来学校感受中华民族优秀传统文化;同时搭建平台,争取在杭高校组织留学生来学校体验、参观。

助推中国电商技术走出去

——中泰"丝路电商"人才联合培养项目

摘　要　安徽商贸职业技术学院是中国特色高水平高职学校和专业建设计划建设单位、国家优质专科高等职业院校、国家优秀骨干高职院校。近年来,学校不断提升国际化水平,围绕"三引三传"(引智、引生、引资源;传播专业标准、传播中国语言、传播安徽文化),在中外合作办学、留学生教育、职业教育走出去等方面取得诸多成果。学校积极面向"一带一路"国家开展"中文＋职业技能"培训,针对泰国、老挝、印度尼西亚等国家伙伴校的师生开展了汉语和职业技能培训。学校先后被评为"安徽省教育外事工作先进单位"和"安徽省华文教育基地"。

学校积极发挥"电子商务"人才培养优势,通过中泰"1＋2"联合培养项目,制订了电商国际教学标准,开发了适合泰国等东南亚国家的课程资源,形成独具特色的"四个'三'"人才培养模式。学校在泰国建设了2个中国语言文化交流中心、1个职业教育中心,持续开展大规模线上对外汉语和预科教育,输出电子商务专业标准,中外组队获得世界职业院校技能比赛银奖,吸引优秀学生来华求学。该项目入选2022年度"中国-东盟高职院校特色合作项目"。

一、合作背景

泰国所在的东南亚地区是电子商务发展最具活力的地区。培养具备数字创新能力的商务技能人才成为很多泰国职业院校的发展目标之一。安徽商贸职业技术学院自2018年开始与泰国泰科技集团(Thai‑Tech‑Group)下辖泰国塔克西纳商务管理技术学院和大城商务管理技术学院开展交流合作。中泰双方通过前期交流互访、学生短期文化交流项目和中国语言文化交流中心线上汉语教学活动,建立了友谊和互信。2021年初,中泰双方签订教育合作协议,实行学分互认、资源共享,互设职业教育中心,互派教师开展教学。双方在"新商业"领域共同探索,正式开启电子商务类专业技能人才联合培养项目。

二、工作目标

项目以服务"一带一路"倡议,实现共建国家技术标准"软联通"为总目标。通过中泰"丝路电商"人才培养项目,积极开展"中文＋职业技能"培训活动,培养熟悉中国电子商务职业标准,具有国际视野、优秀跨文化能力和创新创业能力的技术技能型电商人才,推动中国电商技术在泰国落地,为泰国电商行业培养实践能力突出的新生力量,努力打造"中国-东盟职业教育合作"典范。

本项目密切关注 Amazon 和 TikTok 等传统和新兴电商平台在泰国等东南亚国家的快速发展,积极开展平台机构认证和讲师认证,深入对接平台发展,做大做强国际校企合作,打造泰国电商人才孵化基地。积极联系泰国职业服务类企业,开拓学生就业创业渠道,进一步拓展学生就业空间,与泰国当地的人力资源公司开展合作,推介毕业生赴各类电商企业就业,提高毕业生就业率。同时学校与相关泰国职业技能培训公司合作,开展各种线上线下电商实操培训,推荐泰方学生作为助教参与相关合作,推动当地电商行业的发展,提高就业质量。

三、具体做法

中泰"丝路电商"人才培养项目依托学校"双高计划"建设专业——"电子商务"专业展开,以学分互认为基础,联合泰国院校培养电子商务专业泰国学历留学生,经过中泰双方的实践与探索,形成了独具特色的"三三三三"人才培养模式(图6-1)。

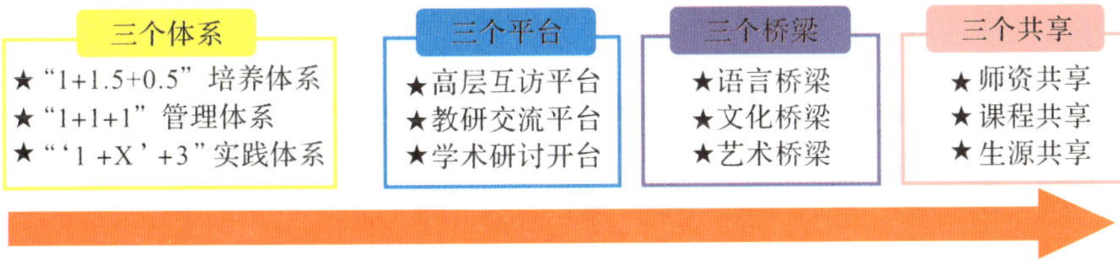

三个体系	三个平台	三个桥梁	三个共享
★"1+1.5+0.5"培养体系 ★"1+1+1"管理体系 ★"'1+X'+3"实践体系	★高层互访平台 ★教研交流平台 ★学术研讨开台	★语言桥梁 ★文化桥梁 ★艺术桥梁	★师资共享 ★课程共享 ★生源共享

图6-1 "三三三三"人才培养模式

(一)构建三个体系,实现培养过程共担

一是构建"1+1.5+0.5"培养体系。中泰双方院校共同制订人才培养方案,利用彼此职教优势共育人才。学生第1年在泰国完成人文素质教育和初级汉语学习,学校派遣汉语教师参与教学。中间1.5年在学校完成专业课程学习和汉语强化学习,掌握电子商务从业的各项技能,提升创新创业水平。最后0.5年可选择在与学校签约的中国或者泰国电商企业进行岗位实习。通过此三段式培养提升学生的"中文+职业技能"水平,使其毕业后具备良好的国际视野、人文素养和专业能力,能够胜任电子商务相关工作。

二是构建"1+1+1"管理体系。项目运行中双方坚持共同管理学生,服务学生的成长。中泰3所院校各配备一名辅导员(联络人),定期沟通项目实施和学生事宜。每周开展一次学情对话,通报基本教学情况、学生出勤、作业情况等。每月开展一次班会活动,与学生直接沟通并解决学习和生活问题。每学期开展一次进步汇报会,反馈学生学习成果、鼓励学生继续努力。这种"1+1+1"的管理体系,确保中泰双方密切沟通,及时关注和解决学生的问题,保障项目有序运行。

三是构建"'1+X'+3"实践体系。项目利用全国电子商务职业教育教学指导委员会(中国)和泰国教育部职业教育委员会通过批准的"中文+电子商务技能"合作项目成果,实施中泰双语版"1+X"证书课程(即学历证书和职业技能等级证书课程)。学校强化学生职业技能培养,所有专业课均在校内电商专业实训室完成,积极与芜湖禾邦电子商务有限公司、三只松鼠股份有限公司、芜湖东昊网络科技有限公司等3家电商头部企业合作,共建留学生Shopee跨境电商、网店运营和TikTok直播实践基地,培养学生电商数据分析、直播销售和网店运营能力。

（二）搭建三个平台，落实职教理念互通

一是高层互访平台。双方约定校级领导每年至少互访 1 次（或线上沟通），相互交流管理理念和方法，推动合作深入开展，形成了常态化沟通交流机制；二是教研交流平台。双方教师、管理人员定期开展教学专题研讨会，围绕双方感兴趣的商科领域，学习彼此人才培养特色方法、课程安排和最新的实践教学做法等，为双方的职业教育赋能。三是学术研讨平台。定期举办"一带一路"人才培养论坛，双方职教专家、学者分享研讨人才培养经验和本国职教特色，互通职教理念。

（三）架设三个桥梁，促进中泰文化互鉴

一是架设语言桥梁。依托教育部中外语言交流合作中心主办、学校承办的"汉语桥"线上交流团组项目，面向泰国学生开展线上夏令营；双方相互挂牌设立"语言文化交流中心"，学校通过在泰的"中国语言文化交流中心"定期开展汉语教学（线上和线下），累计吸引泰方 500 余名学生参加学习活动。二是架设文化桥梁。双方定期互相开展"学生短期文化交流活动"，每期历时 2 周，互派学生"沉浸"式体验对方社会文化，目前已经开展两期，累计 70 名学生（中国 33 名、泰国 37 名）参加。泰国学生体验了安徽特色文化，了解了中国社会和经济发展的最新状况。三是架设艺术桥梁。依托学校"春之声"校园文化艺术节品牌活动平台开展中泰文化交流晚会，双方各派师生出演节目，线上线下结合，充分展示本国特色。

（四）实现三个共享，促进教学资源互融

一是师资共享。双方互派教师开展各类语言和职业课程教学活动，利用互设的"职业教育中心"开展师资访学交流，促进教师国际教学能力发展。二是课程共享。双方互相开放彼此的职业课程，在彼此院校相互开设学分课程。定期举办职业技能课程介绍和分享。建设数字课程共享平台，中方 13 门双语中国文化课程已上传平台，其中包括武术、书法、徽商等特

色课程,供泰方学生学习。三是生源共享。鼓励学生赴彼此院校进行短期和长期学习,相互认定学分。"丝路电商"班学生从入学开始既是泰方院校学生,也是中方学校学生。

四、合作成效

自签订教育合作协议以来,在教育主管部门的指导下,中泰双方积极稳妥地推进此项目建设。来自泰国塔克西纳商务管理技术学院和大城商务管理技术学院两院校的21名学生于2021年7月入学,完成泰国第一学年的学习后转入学校教学阶段,进行专业课程学习。双方管理团队、辅导员定期举行会晤,协调教学和管理各项事宜。学校定期召开学生班会,了解学生思想动态和学习问题,解决实际问题。目前教学情况良好,教学状态平稳。

通过前期合作,主要成效包括:

(1)构建了独具学校特色的"三三三三"中泰"丝路电商"人才培养模式。

(2)泰国籍"丝路电商"班留学生 Mintra Yormin 和 Kanyarat Singsut 与两名中国学生组队参加2022年首届世界职业院校技能大赛"跨境电商"赛项并获得银奖。

(3)建设了3个留学生岗位实习基地。一是与芜湖禾邦电子商务有限公司合作共建校内留学生 Shopee 实践工作站。二是与芜湖东昊电子商务有限公司共建的留学生国际直播带货实践基地。三是与三只松鼠股份有限公司共建的留学生本地生产型企业实践基地。

(4)输出了1个专业标准。制订了面向泰国学生的电子商务专业人才培养方案(中泰双语版),泰国塔克西纳商务管理技术学院和大城商务管理技术学院两校接纳相关专业标准并推广使用,开展专业建设。相关标准由泰科技集团提交泰国教育主管部门审批。

(5)建设了一批课程教材。参与建设并完成中泰"1+X"职业证书项目"商务数据分析"课程,并配套建设了28个中泰双语课程资源,2位老师获得培训师资格证书。建设了中英双语中国文化课程资源13门并通过学校数字课程平台上线,供所有泰国学生学习。编写了《电子商务专业汉语》《东南亚电商平台实操手册》等两门中泰双语教材。

(6)扩大了安徽职业教育的国际影响。2019年"中国-东盟教育交流周"第三届SEAMEO-中国职业教育文化姊妹项目合作研讨会上,泰科技集团把项目中的文化交流(育人)活动作为"中泰师生交流合作典型案例"进行展示,得到组委会和与会中外院校的好评。2021年第32届"东南亚教育部长组织——职业教育管理委员会会议"主题论坛上,泰科技集团将学校与泰国两所院校签署的"教育合作协议"作为"中国-东盟"职教合作成果,向参会的东盟各国院校进行视频展示和交流。2022年项目入选中国教育国际交流协会评选的"中国-东盟高职院校特色合作项目",学校领导参加"中国-东盟职业教育周"职业教育研讨会,并向中外嘉宾分享合作内容。项目得到安徽省外事办、安徽省教育厅的高度肯定,相关媒体予以报道。

五、总结与思考

(一)坚持协同育人,培养复合型技能人才

一是培养过程协同。本项目采取"1+1.5+0.5"双向培养模式,打造具有国际视野的人才。通过中泰联合培养,留学生能成为既熟悉中泰人文社会,又掌握电商核心技能的复合型人才。二是管理过程协同。本项目由双方以"1+1+1"方式共同管理,管理人员定期协商沟通教学和管理问题,不断完善教学组织和安排,关心学生的发展成长,使学生从入学到毕业,从语言学习到专业学习,从泰国到中国全过程有人负责。三是课程设置协同。中泰双方课程设置有机结合,合理制订人才培养方案。学生在泰国第一年就打好汉语基础,完成相关人文素质课程,来华后继续加强汉语学习,确保和专业课老师能用汉语沟通。同时,着重加强核心技能培养,采取"递进式"的课程安排,每个学期的核心课程都紧紧围绕"电商平台操作能力""数据分析能力"和"直播操作能力"培养展开,由易到难,由单项到整体,有机构建能力培养课程体系。

（二）坚持传播文化，培养文化交流使者

双方通过"短期文化交流"项目，促进中泰青年沟通，减少对彼此的文化认知误区，增强对彼此文化的认同感和切身感受，为构建强有力的校际合作纽带奠定了基础。注重学生国际文化共情能力培养，通过举办中泰文化交流晚会，展示中泰的传统文化和现代艺术，有力促进文明交融和国际理解，使双方师生体验到不同文化的独特之美。利用"在线汉语教学"和"汉语桥"线上交流等项目，着力提升泰国学生基础汉语水平，并以数字化方式呈现中国文化和安徽特色文化，打造了疫情下国际文化育人和文化交流新模式。

（三）坚持技能输出，培养实践创新素质

中方充分调研泰国电商行业的发展现状和人才培养需求，做好中国电商职教标准与泰方行业实践的对接，满足泰国电商行业未来发展的需求，通过"'1+X'+3"方案，做到实践育人内容有底气、课程接地气、体系有朝气。加强学生就业和创新能力培养。学校通过举办"全国职业技能大赛高职电商技能赛项"并获团体一等奖的优异成绩，积累了高水平的实践育人经验。中方专业课程紧紧围绕实践技能培养展开，学生边上课边实践。学校组织学生参加各类创新创业比赛，以赛促学，支持学生利用"学生创业园"在校创业，给予培训和资金支持。

中国电力工程技术的海外传播者

——"一带一路"共建背景下中马能源电力人才培养模式探索与实践

摘 要 福建水利电力职业技术学院坚持"立足一线、深耕电力、服务产业"指导思想,构建"更高层次"共商共建共赢中外交流合作机制,成立"一带一路"中马电力专业技能培训项目基地,制订"双语＋电力＋国别"的国际化课程教学标准,形成"三跨联动、三同并举、六元创新"人才培养模式,打造中国高职海外电力教育培训"水院方案",共享"中国标准",为中资企业"走出去"培养电力高素质技术技能人才,让先进的中国电力工程技术造福世界人民。2021年学院获批教育部"一带一路"教育合作项目"'一带一路'能源互联网电力人才交流国际合作项目",成立"一带一路"中马电力专业技能培训项目基地,为"一带一路"中国建筑工程(马来西亚)有限公司50名员工开展电力专业技能培训,完成"安全用电""电气试验"2门双语课程的培训,3期教师国际化学术交流研讨会,共享双语课程教学大纲、课程标准,传播中国职教理念和方案。

实现能源高质量发展是下好新一轮全球科技和产业革命先手棋的主动担当,服务共建"一带一路"的同时,推动实现能源可及、共赢共享。到2035年,我国将与周边国家电网互联互通,与东北亚、中亚、东南亚、南亚和西亚通过直流互联,实现亚洲能源互联互通,促进能源在更大范围优化配置。建成特高压直流工程37回、输电容量3亿千瓦,跨国直流工程19回、输电容量约8150万千瓦,为"一带一路"电力事业发展做出突出贡献。

一、合作背景

随着"一带一路"建设的深入推进,能源互联是发展趋势,同时也将推进全球能源领域的巨大变革和快速发展,我国电力企业"走出去"参与国际合作与竞争的步伐不断加快,迫切需要提升我国电力职业教育国际化发展能力,培养大批本土化技术技能人才,服务"走出去"企业的发展,带动共建国家能源电力产业的科技突破、技术创新、管理升级。针对"一带一路"建设中对电力人才的需求,福建水利电力职业技术学院(下文简称"福建水院")以教育合作项目"'一带一路,能源互联网电力人才交流国际合作项目"建设为契机,发挥国家"优质"校、福建"示范"校、"双高"校建设单位电力技术技能人才培养高地优势,培养具有国际视野、懂得跨国跨文化交流的复合型能源电力骨干人才,积极服务中国电力"走出去",努力成为"新丝路"建设使者。学校坚持"立足一线、深耕电力、服务产业"指导思想,建设"一带一路"中马电力专业技能培训项目基地,联合马来西亚汉文化中心、马来西亚城市大学,共同为中国建筑工程(马来西亚)有限公司50名员工开展电力专业技能培训。福建水院作为21世纪"海上丝绸之路"职业教育联盟副理事长单位,先后与中水十六局、澜湄水资源合作中心、中国电建集团福建工程公司等开展人才培养合作项目,为中国电建巴西美丽山二期输电线路工程施工现场进行技术指导,开办"闽江国际""福州地铁""厦门轨道"等订单班,着力提升学院国际化办学水平。学校也是入选首批教育部"经世国际学院"院校,系福建省唯一入选的高职院校。

二、工作目标

福建水院通过构建"行业平台型"电力职业教育国际化发展模式,面向"一带一路"建设培养本土化电力紧缺技术技能人才,服务"走出去"电力企业,不断提升学校国际化水平。

(一)构建"行业平台型"电力职业教育国际化发展模式

由政府主导,全国电力职业教育教学指导委员会、福建电力企业协会等行业的指导和支持,由学校和中国华电集团有限公司等"走出去"企业分工协作、抱团"出海",构建"行业平台型"电力职业教育国际化发展模式,为电力职业教育国际化提供中国模式和中国方案,努力打造"中国特色、世界水平"的电力职业教育国际化品牌。

(二)培养"复合技能型"本土化电力紧缺技术技能人才

整合优化学校教育资源,按照"走出去"企业对电力工程的人才需求,采用"订单班"的灵活模式和组合模块的继续教育方式培养"一带一路"电力项目急需人才。采用"理论+情境+实践"按需组合的继续教育教学新模式来替代传统的课堂教学方式,以满足"一带一路"电力人才培养周期短、要求高、重应用等要求,使电力人才能在较短时间内顺利上岗(图7-1)。

图7-1 "一带一路"中马电力专业技能培训项目基地揭牌仪式

三、项目过程

(一)建立"更高层次"共商共建共赢中外交流合作机制

人文交流是国与国、民与民之间增进了解、建立互信的重要桥梁。教育交流合作在中外人文交流机制建设和服务"走出去"企业中发挥着基础性、专业性和持久性作用。新时期福建水院致力于与"一带一路"共建国家的教育合作和人文交流,与共建国家共享资源、互联互通、互鉴经验,办好国际认可、中国特色的高等职业教育。

只有形成政府间宏观政策沟通机制,才能实现各国职业教育政策的对话交流,达成合作共识。福建水院"一带一路"中马电力专业技能培训项目基地的成立及项目的顺利开展,正是依托于教育部立项合作项目"'一带一路'能源互联网电力人才交流国际合作项目"的大力支持。

在"一带一路"倡议实施进程中,各种层次、形式的机构无疑可以发挥重要作用。鲁班工坊、马来西亚汉文化中心等机构,搭建了我国职业教育与国外沟通的桥梁。2019年福建水院成为21世纪"海上丝绸之路"职业教育联盟副理事长单位,2020年成为华南"一带一路"职业教育水利电力联盟副理事长单位,与北京华晟经世信息技术有限公司合作成立"经世国际学院"(教育部首批人文交流经世项目),与中国华电集团有限公司福建公司签署海外战略合作协议,2022年与中马相关校企行五方合作,联合成立中马建筑职业技术教育发展中心,向鲁班工坊建设联盟递交学院马来西亚鲁班工坊"一带一路"电力系统自动化技术学堂项目申请等举措,为学校职业教育国际化交流打下坚实基础。

(二)成立"一带一路"中马电力专业技能培训项目基地

在"一带一路"倡议下,中马双方在电力、建筑等领域的合作蓬勃发展,大力培养适应行业未来发展需求的电力工程技术人才,成为两国电力行业转型升级和高质量发展的有效途径。2022年福建水院与马来西亚汉文化中心、中国建筑工程(马来西亚)有限公司达成共识,行校企三方签署合作协议,在马来西亚成立"一带一路"中马电力专业技能培训项目基地,为中国建筑工程(马来西亚)有限公司50名员工开展电力专业技能培训,完成"安全用电""电气试验"2门双语课程教学。马来西亚汉文化中心负责招生宣传,协调当地企业,管理学员,提供教学场地,联系专业工程师现场实践指导。中国建筑工程(马来西亚)有限公司提出岗位需求,提供培养经费,进行过程考核。福建水院、马来西亚汉文化中心、中国建筑工程(马来西亚)有限公司共同负责制订培养方案,开发教学资源,开展人才培养,服务"一带一路"企业(图7-2)。

图7-2 "一带一路"中马电力专业技能培训项目闭学典礼

(三)制订"双语+电力+国别"的国际化课程教学标准

职业教育"走出去"的一个重要任务,就是开发与国际先进标准相对接的职业教育课程体系,参与制订职业教育国际标准。通过2年建设,2019年福建水院水利水电建筑工程、供用电技术、电子信息工程技术3个专业顺利通过IEET工程及技术教育认证,通过引进国际教育范式,为国际化专业课程教学标准的制订提供了思路。

按照中国建筑工程(马来西亚)有限公司对电力岗位人才需求,选定"安全用电""电气试验"2门课程进行理论和实践技能的培训。2门课程是供用电技术专业的核心课程,同时也是省级精品在线课程,"安全用电"还立项为国家级精品在线课程培育项目。2门课程作为国家级、省级供用电技术专业资源库建设的子项目,在资源库建设过程中积累了大量高水平数字化教学资源。福建水院在充分调研马来西亚职业技能培训现状、技术装备水平、职业技能证书以及相关法律法规基础上,针对大部分员工不熟悉中文的情况,2门课程采用中英文双语授课,以"理论+情境+实践"按需组合的继续教育教学新模式来替代传统的课堂教学方式,形成"培养方案—教学方式—教学评价—教学整改"循环改进、动态调整的人才培养机制,最终确定适合马来西亚国情的电力人才培养方案体系的框架、双语课程内容、教学大纲和课程标准。

(四)形成"三跨联动、三同并举、六元创新"人才培养模式

学校依托国家级及省级供用电技术资源库、省级精品课程等优质教学

资源,充分发挥省级教师创新团队核心作用,协同中国电建、中国建筑、中国华电等海外培训基地,创新形成了"三跨联动、三同并举、六元创新"的国际化电力紧缺人才培养新模式。

"三跨联动"是指在行校企三方的共同参与下,形成跨行业、跨高校、跨国境的三方联动,在培养方案、资源互补、任务统筹等诸多方面协同合作。"三同并举"是指行校企三方在人才培养的协同合作过程中形成"理念同步、技术同行、文化同向"的共识,推动中国电力技术、教育、智力的共享。"六元创新"是指线上线下双元渠道、境外境内双元课堂、学校企业双元基地、理论实践双元促进、中文英语双元语言、文化技能双元修炼的六元教学模式(图7-3)。

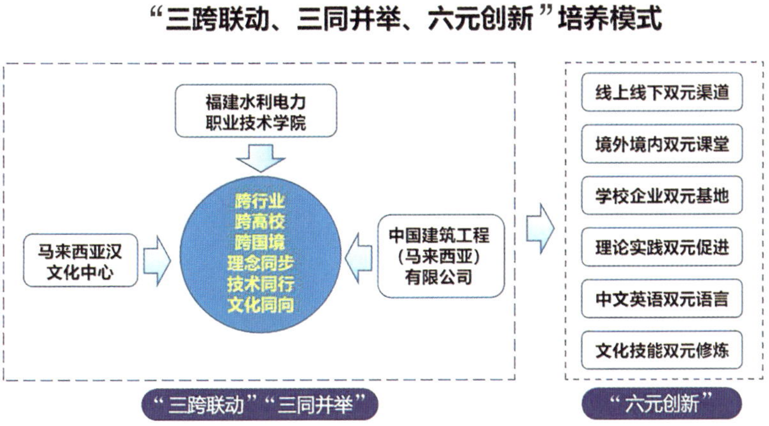

图7-3 "三跨联动、三同并举、六元创新"培养模式

四、合作成效

(一)夯实学员专业技能与素养,为企业培养国际化人才

切实提高企业国际化竞争力,打造国际化人才团队是实现企业国际化竞争力提升的关键。基于"三跨联动、三同并举、六元创新"的国际化电力紧缺人才培养新模式,学校开展国际交流合作项目3个,为中国建筑工程(马来西亚)有限公司50名员工提升电力专业技能与素养,与马来西亚汉

文化中心中的企业高管和工程师开展3期教师国际化学术交流研讨会。马来西亚汉文化中心主席拿督吴恒灿指出:"希望将来继续开发高品质及实用的专业培训课程模块,让更多'走出去'企业及员工受益。"中国建筑工程(马来西亚)有限公司副总经理祝珑崴特地感谢福建水院提供一流的技术和培训,为项目的顺利开展和企业发展提供极大帮助。

(二)共享电力职业教育信息资源,搭建国际合作交流平台

"一带一路"倡议下职业院校建设教育资源共享系统,是开展国际合作交流的重要平台。"一带一路"中马电力专业技能培训项目基地的成立及项目的顺利开展得到媒体的广泛赞誉,大大提升了福建水院国际影响力,为国际合作交流提供良好的交流平台。学校长期积累形成的一整套完整的高水平数字化电力技能培训课程教学资源通过学校微信公众号、抖音号与微博账号等实现教育信息资源共享。中马两国专家学者定期进行的学术交流活动,使后续合作项目以及国际化人才培养等工作能够有序进行,同时达到互惠互利、合作共赢的目的。

五、总结反思

(一)打破地域局限,开启国际合作交流新局面

福建水院在国际化办学过程中始终坚持"立足一线、深耕电力、服务产业"指导思想,积极与"走出去"的能源电力企业和国外高校、行业协会沟通、交流,了解"走出去"企业和"一带一路"共建国家对人才的需求。通过开展"三跨联动、三同并举、六元创新"教学模式,校企共建教学标准、课程标准和教学资源,共同开展本土化技术技能人才培养,成效显著。福建水院"一带一路"中马电力专业技能培训项目来自"一带一路"能源电力项目的实际需求,专业的培训和服务不仅得到了"一带一路""走出去"企业的高度认可,也促进了中马两国人文的深度交流与合作。

（二）瞄准质量提升，激发国际教育教学新活力

为进一步提升学校国际化合作水平，下一阶段，学校将推进留学生接收与派出工作，加快学校向国际化校园迈进的进程，使国际化办学成为吸引优质生源的一项重要举措；高水平打造双语教师队伍，构建一支外语素养高、专业能力强、教学水平精的教师队伍；高质量建设数字化教学资源，提升专业服务水平；积极探索与境外高校、机构开展实质性和高水平的国际科研合作，提升教师科研能力；鼓励和创造条件让学院师生参加国际大赛，提升实训软硬件水平，为师生备战国际技能大赛提供培训、相互交流的机会；继续成立跨区域"校企"国际合作联盟，搭建学生海外实习就业平台，服务"走出去"企业培养本土的技术技能型人才。

借鉴"鲁班工坊"育人模式培育非洲"工匠之师"

摘　要　泉州轻工职业学院(以下简称轻工学院)与中国航空技术国际控股有限公司(以下简称中航国际)在非洲国家实施"TOT"(Teaching of Teachers,培训教师的培训)项目,为肯尼亚13所大中专院校24名教师进行为期2个月的酒店管理(西餐、烘焙、酒店服务)专业培训,为加纳26所大中专院校72名教师进行为期6个月(两期)的电子电工专业培训,为加蓬新建3所职业教育中心15名教师进行为期3个月的木工加工技术专业培训。借鉴"鲁班工坊"育人模式,以"双元双师"为支撑,以培养工匠之师为重点,以提高岗位职业能力为引领,以课程创新为抓手,"岗课融通"育人;共享中国优质的职业教育资源,为服务国家"一带一路"倡议,为中资企业海外职教项目落地,提供技术服务和智力支持。

一、合作背景

非洲作为"一带一路"倡议的参与者和受益者,非洲国家职业技术人才远远无法满足非洲经济发展,迫切需要大量技术技能人才的支撑。中国职业教育"走出去",帮助非洲国家建立完善的职业教育体系,实现自我发展,将从根本上帮助解决非洲问题,培养培训职业教育师资力量,构建中非命运共同体,实现绿色发展。因此,伴随着越来越多的中国企业走向非洲的同时,中国的职业教育也开始同向同行,在当地开展职业技术教育,培训当地的技术工人,促使中资企业境外项目真正落实。正是在这一背景下,中航国际在非洲开发承包了许多大中专职业院校建设和改造升级项目。轻工学院作为一家由五大知名企业,即澳门金龙集团、福建恒安集团、福建安踏集团、福建浔兴集团、福建艾派集团等共同投资创建的省级"示范、双高"高职院校,依托五大股东企业、区域经济优势和地处侨乡等优势,于2019

年年初与中航国际开始合作。学院服务"一带一路"倡议,在非洲的肯尼亚、加纳、加蓬等国借鉴"鲁班工坊"育人模式,共享中国优质职业技术和职业文化标准,助推中国的职业教育"走出去",促进非洲国家的年轻人就业和社会进步,扩大了中国职业教育在海外的影响力。

二、项目过程

为服务国家"一带一路"倡议,借鉴"鲁班工坊"育人模式,以服务中资企业境外职教项目落地为目标,以培养工匠之师为重点,以"双元双师"为支撑,以提高岗位职业能力为引领,以创新课程为抓手,以一揽子项目服务为特色,"岗课融通"育人,形成校企深度融合的一体化育人模式(图8-1)。

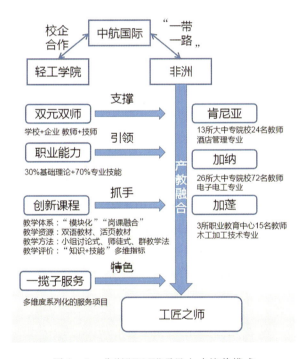

图 8-1 非洲"TOT"项目人才培养模式

1. 以"双元双师"为支撑,保证教学质量

"双元双师"是遴选"TOT"项目任课教师的标准。双元即企业与学

校;双师即教师与技能大师。非洲"TOT"项目教师经过严格的遴选合格后,还需要到国内设备生产厂家考察实习和国外培训基地调研。因此,遴选出的都是专业水平高、企业经验丰富,能教书、能实践、能育人的高素质"双元双师"(表8-1)。由此,为"TOT"项目的实施提供了基础保障。

表8-1 "一带一路"鲁班工坊(TOT)职教项目"双元双师"一览表(部分)

姓名	学历/职称	工作年限	简介
王艳君	硕士/教授	42年	副校长、国家三级教授、金融实务专业带头人、国家级"互联网金融"教学资源库主持人
何世伟	博士/教授	39年	副校长、教授、美国加州大学机械博士,在美国任教20余年,有丰富的企业经验
刘勇	博士/教授	28年	校长助理、教授、澳门城市大学城市规划与设计博士,担任设计院院长10余年
庄培荣	硕士/副教授	13年	健康生活学院院长,在企业任职8年,具有丰富的企业工作经验和教学工作经验
李庆旺	硕士/副教授	8年	健康生活学院副院长、高级西餐技术能手、技能大师
刘锦瑜	本科/高级技师	18年	国家西餐高级技术能手、福建省烹饪名厨、五星级酒店厨师长(8年)
林增伟	本科/高级技师	16年	木工制作大师、木工非遗传承人

2. 以提高岗位职业能力为引领,培养工匠之师

非洲"TOT"项目培养的学员最终将回到各自学校或留在培训中心,承担针对所在学校新招学生的专业课程。因此,项目具有明确的目的性和很强的针对性。此项目为肯尼亚13所大中专院校酒店管理专业,为加纳26所大中专院校电子电工专业,为加蓬新建3所职业教育中心所配有的生产性实训设备培训教师。为此,非洲"TOT"项目设计了以掌握专业知识为基础,以提高岗位职业能力为引领,以职业实践为主线,30%基础理论+70%专业技能的课程内容体系,有效保证了理论知识够用,专业技能过硬的教学目标(图8-2、图8-3、图8-4)。

图8-2 肯尼亚项目师生合影

图8-3 加蓬项目师生合影

图8-4 加纳项目师生合影

3. 以创新课程为抓手，"岗课融通"育人

针对非洲"TOT"项目学员的特点和培训目标，首先，构建以项目课程为主体的"模块化""岗课融合"的教学体系，融岗位职业标准为一体的教学标准、课程标准、实训标准，制订基于岗位工作任务、项目化的教学内容，用真实工作任务引领专业知识的学习和岗位技能的培训。其次，以岗位职业能力为标准，编写课程教学大纲和教材(图8-5)，制作完备的教学课件等教学资源。教材除了包括专业基础理论、专业技能部分外，还包括了中国文化，使学员在学习专业知识、专业技术技能的同时，通过学习中国文化了解中国。比如在木工加工技术教材中，融进了茶盘的榫卯制作工艺，学员在学会并掌握专业技能，制成作品之后，与老师一同品尝中国茶叶，体验中国浓浓的茶文化，增加了学员的学习兴趣和对中国文化的了解。

图 8-5　部分课程活页教材

在教学方法的选择上,理论部分课程采用模块式、案例式、探究式、小组讨论式、课堂翻转式等教学方法;实践部分课程采用工厂化、项目式、体验式、师徒式等教学方法(图 8-6,图 8-7,图 8-8);同时,创新教学模式,大胆尝试"群教学法",通过课程群、教师群、学习群,理论和实践课程教师互补互通、同堂混合教学,提高了教学效果。其次,在课程考核方式的选择上,课程理论部分采用笔试、口试,课程实践部分采用方案设计、作品制作、实际操作等,形成"知识+技能"节点式、过程性、作品式、表演式、竞赛式的课程评价体系(图 8-9,图 8-10,图 8-11)。

图 8-6　工厂化教学　　图 8-7　体验式教学　　图 8-8　师徒式教学

图 8-9 作品式考核方式

图 8-10 表演式考核方式

图 8-11 竞赛式考核方式

4. 以一揽子项目服务为特色，创新职教模式

提供一揽子项目服务，是非洲"TOT"项目的最大特色。以肯尼亚"TOT"项目为例，该项目所提供的服务涵盖了从酒店管理（西餐、烘焙、酒店服务）专业生产性实训室组建至实训室安全运营维护的全方位的服务及辅助管理（即实训室的设备选购、设备安装、设备使用、设备后期的运营维护管理等全过程）。由此可见，非洲"TOT"项目不是局限于孤立的境外项目承接或者境外教师的单一培训，而是整个项目系统的深度合作。

三、合作成效

非洲"TOT"项目，包括肯尼亚、加纳、加蓬 3 个国家，累计派出教师 8 人，任教 11 个月，历经 300 余天，培训师资 111 人；制订 3 个专业人才培养方案,15个教学大纲,15个教学计划,编制15本专业培训活页教材(中文+英文)和教学课件。同时,"双元双师"的教学团队开发了理实一体、模块化、岗课融通的教学体系,编写了特色鲜明的活页教材,研发了形式多样的教学方法,制订了多维指标的评价体系等。"TOT"项目得到了肯尼亚教育部、加纳教育部,以及加蓬就业、公共事务、劳动、职业教育及社会对话部等相关政府部门的高度评价。

四、总结反思

(一)案例成功的关键要素

(1)"一带一路"倡议、经济全球化、非洲经济一体化、区域经济融合发展和快速推进,给中国职业教育国际合作带来了新的机遇和需求。

(2)中国和非洲有着浓厚的传统友谊和良好的合作关系,中国与非洲着重在教育、医疗、交通等民生项目方面进行合作,为中国职业教育国际合作带来了广阔的发展空间。

(3)在中国职业教育迎来大发展之际,中国政府出台的一系列关于鼓励职业教育"走出去"的政策,为中国职业教育国际合作指明了方向。

(二)经验启示

1.多方协同发力是项目可持续发展的基础

"TOT"项目是以我国职业院校及企业联合参与的"一带一路"共建国家的中资项目为服务对象的。因此,"TOT"项目除了以我国职业院校与企业为主体外,还必须以市场需求为导向,以项目所在国政府支持为依托,以项目学员的积极配合为条件,这样才能保证项目顺利运行。

2.人才培养模式是项目成功的条件

构建适应当地产业结构和经济发展水平,符合项目特点和满足非洲学员学习需求的人才培养模式,如双元双师、理实一体、育训结合、岗课融通、工厂化教学、师徒式教学,才能使项目永葆活力。

3. 参与主体的无缝对接是项目成功的保障

中航国际求真务实，打破壁垒，创新合作主体，为轻工学院"走出去"提供新的平台。轻工学院具有专业水平高、企业经验丰富，能教书、能实践、能育人的高素质"双元双师"教学团队，为"TOT"项目顺利开展提供了基础保障。

4. 下一步举措

（1）及时做好项目总结，进一步探索"鲁班工坊"育人模式的有效运营措施。

（2）扩大"TOT"项目合作的深度和广度，职业培训与学历教育并举，进一步完善职业教育育人模式。

（3）建立专业教师专家库，确保"TOT"项目质量。

（4）设立"TOT"项目专项基金，确保项目相关人员的切身利益，解除他们的后顾之忧。

聚焦"四点",强化"四力"

——山东畜牧兽医职业学院助力"一带一路"畜牧业国际产能合作

摘 要 自"一带一路"倡议提出以来,农牧企业纷纷"走出去",但本土化人才不足、语言交流不畅、文化差异过大、技术标准不统一等一系列问题影响了这些企业"走出去"的步伐。2015年后,教育部等部委相继出台多项政策,鼓励高职院校加强国际化建设,提出"走出去"办学等要求。高等职业院校因其以技术和人才为核心的属性,将在本土化人才培养、技术服务、人文交流等方面发挥关键作用,助力服务中国企业"走出去"。

山东畜牧兽医职业学院聚焦"四点",强化"四力":以专业为立足点,抓住核心力;以企业为支撑点,聚焦服务力;以平台为着手点,发挥凝聚力;以项目为发力点,实现向心力。多年来,学校立足农牧行业和专业,联合中资"走出去"大型农牧企业,打造校企国际化命运共同体,有力推动了"一带一路"畜牧业国际产能合作。

一、工作目标

(一)职业教育对外开放政策提供"走出去"制度保障

2015年起,教育部等部委相继出台教育国际化政策,鼓励高等职业学校配合行业企业"走出去",培养培训国际技术技能人才。山东畜牧兽医职业学院加强政策学习,依托政策支持,加强顶层设计,积极调整学校国际化发展方向,主动服务"一带一路"建设需要,对接国际化资源。

(二)企业困境呼吁产教联合的对外开放路径

"一带一路"倡议下,企业"走出去"步伐加速,但面临员工、技术、语言差异方面的困境,高职院校"走出去"存在国外合作基础不深、资金设备不足、目标不明确、师资力量不够等现实问题。为此,山东畜牧兽医职业学院依托深耕农牧行业66年的办学基础,借助学校牵头成立的山东省畜牧职教集团的123家企业、院校和科研机构,对新希望六和集团、中国农业发展集团有限公司、中牧实业股份有限公司等60余家大型"走出去"农牧企业开展"走出去"存在的问题和需求调研。通过调研发现,"走出去"的农牧企业亟须院校提供人才支撑、技术支持等。

学校提出校企联合"走出去",打造校企"走出去"命运共同体,服务企业"走出去",与山东省等大型"走出去"农牧企业合作,对焦企业在"一带一路"共建国家发展的需求,为企业提供人才、技术和标准支撑,也"借船出海",推动"一带一路"共建国家民心相通、教育交流、产业合作,推动畜牧业国际产能合作。

二、项目过程

山东畜牧兽医职业学院立足农牧产业,发挥农牧专业特色,依托学校拥有的国(境)外政府、院校、企业等合作资源,联合新希望六和集团、中国农业发展集团有限公司等"走出去"大型农牧企业,发挥学校职教优势、企业产业优势、国外合作伙伴资源优势,校企联合"走出去"。学校坚持"四点",实现"四力",联合企业"走出去",推动学校和企业"走出去"迈出新步伐,助力"一带一路"共建国家畜牧业国际产能合作。

(一)以专业为立足点,抓住核心力

学校坚持农牧专业办学特色,深耕农牧业66年,学校的20多个专业都与农牧产业紧密相连,其中,物流专业对接冷链物流产业,会计专业紧密对接现代农牧产业。学院建立了从牧场到餐桌的全产业链专业体系,拥有国家级教学名师等众多农牧专业专家学者,培养了遍及全国的农牧业人才,与山东省及其他省份的农牧企业、科研机构等保持长期的合作。学校畜牧兽医专业群被列入国家"双高计划"专业群,专业建设实力雄厚。

学校结合各国农牧业和职业教育发展特点,与各国农牧企业、农牧院校、农牧研究中心等合作,调研学校农牧专业和师生发展需求,立足农牧行

业和专业,开展畜禽养殖、水产养殖、食品药品生产等领域海外员工培训、技术服务、人才培养、联合科研、教学资源共享、专业共建等合作,在发挥核心竞争力的同时,提升国际交流与合作水准。

(二)以企业为支撑点,聚焦服务力

教育国际化需要广泛的国际资源和产业基础,需要大量教师资源、资金支持、固定资产投入等,仅靠学校"单打独斗"无法实现。企业在国外有广阔的市场、政府资源、产业优势,能够为学校"走出去"提供资源和人力等支持,学校"走出去"有助于服务产业和企业发展,为企业提供本土人才支撑和技术助力。

2020年,学校与新希望六和股份有限公司合作建立"新希望农牧工坊",校企联合培养留学生60余人次。新希望农牧工坊开展"中文+养殖技能"线上"云培训",培训公司在缅甸、越南等国家12个分公司的海外员工3000余人,组织企业文化节、企业中外人文交流活动等。部分留学生毕业后到企业工作,员工培训项目的优秀参训人员获得新希望六和集团印度尼西亚片区表彰,成为企业后备管理力量。

学校为企业培养的会中文、懂技术、通中国文化的高水平本土技术技能人才一方面服务企业"走出去",另一方面也助推新希望农牧工坊成为农牧行业的海外办学项目,在越南等东南亚国家落地生根,开花结果。参训员工纷纷表示通过培训提升了汉语水平,学习了中国文化,受益颇深。合作公司也高度赞誉该项目,认为该项目为提升员工汉语水平、沟通能力、企业认可度作出卓越贡献,企业印度尼西亚片区为参与项目的优秀员工颁发了奖金并对其进行提拔重用。2021年新希望农牧工坊项目成功入选中国教育国际交流协会第四批中国-东盟高职院校特色合作项目。

(三)以平台为着手点,发挥凝聚力

学校汇集国内外农牧院校、企业、科研院所资源,打造"二中心三平台",致力于推动"一带一路"共建国家国际农牧业人才培养培训、交流合作、产教融合,凝聚国内外政校行企力量,为院校和企业"走出去"提供平台

和资源,推动校企联合"走出去"。

(1)建立中尼农业技术培训中心。2018年,学校与尼日利亚农业与农村发展部共建中尼农业技术培训中心,培养尼日利亚畜牧兽医专业学历留学生21人,组织多批农牧官员、技术管理人员培训,为中资在非洲企业培养高水平农牧技术技能人才。在中心毕业典礼上,留学生对学校和教师深情感谢,感谢学校三年的培养,使他们会汉语、懂文化、有技术,为未来学习和工作铺就光明道路。

(2)建立国际禽业发展、中荷产教融合、中丹学术交流平台。2018年,学校举办国际禽业发展大会,吸引了9个国家的260余名专家学者、企业管理人员及技术人员等参会,助推政校行企学术交流、产教协同发展。2021年,学校举办中荷农牧业产教合作高端对话会,10余家荷兰企业,50余家中资企业及院校开展产教合作,建立了中荷农牧产教联盟,加强中荷等国家企业、院校产教合作,共同培养国际化技术技能人才。2021年,学校举办4期中丹现代农业学术交流会,吸引中国和丹麦的教师、学生、企业人员400人参会,为企业了解"一带一路"共建国家畜牧业发展现状提供了新方向。

(四)以项目为发力点,实现向心力

(1)学校积极申报教育部、科技部等各类国际合作项目、教育国际化课题,通过项目申报启发国际化建设创新思路,依托项目实施找准发力点。以项目为靶心和支撑,在政府支持下,推进与"一带一路"共建国家教育交流和产业合作,推动畜牧业国际产能合作。

(2)2019年,学校成功申报山东省科技厅外国专家团队项目,引进巴基斯坦4名高层次专家,开展中巴动物安全防控合作。在中国农业农村部、巴基斯坦粮食安全与研究部支持下,学校联合中国农业发展集团有限公司、中牧实业股份有限公司、中农威特生物科技有限公司等"走出去"大型农牧企业,依托学校的合作伙伴费萨拉巴德农业大学、拉格尔农业大学等资源,政校行企共同开展中巴动物疫病防控合作。校企联合建立中巴畜禽健康养殖中心、巴基斯坦人才培训基地、山东畜牧兽医职业学院海外分

校,开展巴基斯坦本土员工培训、农民培训、人才培养、科研合作、人文交流,为中巴畜禽防控合作提供人才支持、技术支撑等,支持巴基斯坦动物重大疫病防控无疫区建设。

三、总结反思

产教融合、校企合作是高职院校发展的根本路径,是经济社会发展的客观必然。经过 30 多年办学实践探索,山东畜牧兽医职业学院形成了公办高职院校构建校企命运共同体的"山牧模式",专业与产业紧密对接,相互促进。今后,学校将进一步聚焦"四点",强化"四力",立足农牧行业和专业,联合"走出去"企业,搭建国际农牧合作平台,申报国际交流合作项目,探索多角度、宽领域、深层次校企合作,服务企业"走出去"。同时注重开展教师交流、学生交流、师资培训,促进"一带一路"共建国家农牧院校教育交流,加强畜禽疫苗等标准共享、科技研发、技术培训,推动"一带一路"共建国家畜牧业产教融合和产业合作。通过校企联合"走出去",更好地服务国际农牧产能合作。

实施"行业平台型"模式
打造国际教育示范
推动电力职业教育国际化高质量发展

摘　要　针对中国职业教育国际化办学中普遍存在的"质量效益不高，体制机制不适应，国际化师资短缺"等问题，在中国电力企业联合会的主导下，以郑州电力高等专科学校为代表的多所电力行业职业院校基于2002年教育部"电力行业澳大利亚高等职业技术教育人才培养模式体系教学改革综合工程"等研究课题，联合电力行业企业，搭建职业教育国际化平台，通过"引进、创新、共享"三阶段19年的探索实践，形成了"行业平台型"办学模式和"行业主导、平台融合、三阶递进"体制机制，创新了"行业平台型"职业教育国际化办学理论，打造了"电力丝路学院"中国职业教育品牌，开展了境外办学实践，提升了我国职业教育国际影响力，推进了我国电力职业教育现代化，在职业教育国际化办学方面具有重大示范作用。

一、合作背景

随着经济全球化加快，电力行业进入了全球化竞争时代，电力行业国际化的快速发展，迫切需要大批创新型、复合型、国际化人才支撑。服务电力行业国际产能合作，探索适合我国电力职业教育的国际化发展模式是"引进来"阶段亟须解决的重要课题。

经过20年的职业教育改革和探索，中国职业教育体系已基本完善，形成了中国特色的职业教育体系。随着"一带一路"倡议落地，大批电力企业走出国门支持"一带一路"共建国家建设，急需境外本土化技术技能人才参与境外项目建设和后期运行与管理，迫切需要提升我国电力职业教育国际化水平，培养大批本土化技术技能人才，服务"走出去"电力企业。

作为河南省较早开展国际教育合作与交流的高等职业院校,郑州电力高等专科学校(以下简称"郑州电专")国际合作与交流已经有近30年的发展历史,郑州电专结合自身行业优势和办学条件,坚持"交流"与"合作"同行,"引进"与"走出"并重,重点实施"行业平台型"职业教育国际化发展模式,在交流中进步,在合作中共赢,为电力职业教育国际化高质量发展打下了坚实基础。"行业平台型"国际化办学模式不仅丰富了中国职业教育国际化办学的模式,还为具有相同行业背景的院校开展国际化办学提供了模式、体制机制借鉴。截至目前,"行业平台型"国际化办学模式在11所高等院校应用推广,培养了14612名国际化人才。该模式有助于行业院校发挥专业优势,更好地服务"一带一路""走出去"企业,提供更高质量的本土化人才培养和技术技能培训;同时,还有助于职业院校"以国际化促职业教育现代化",助推职业教育加快对外开放的步伐,实现电力职业教育国际化高质量发展。

二、项目过程

(一)规模化"引进来"、抱团式"走出去"

21世纪初,在中国电力企业联合会的主导下,以郑州电专为代表的电力行业多所院校成立中外合作办学管理委员会,规模化、系统性引进国际优质职业教育模式,建立电力行业合作办学标准和质量保障体系,形成了"行业平台型"国际化办学模式,如图10-1所示。

在19年的发展历程中,电力职业教育消化吸收国际先进经验,进行本土化融合创新,融入中国先进行业标准,形成中国特色、国际水平的专业教学标准和课程体系;打造"电力丝路学院"国际职业教育品牌,校企携手"抱团出海",保证了国际化办学高质量发展。

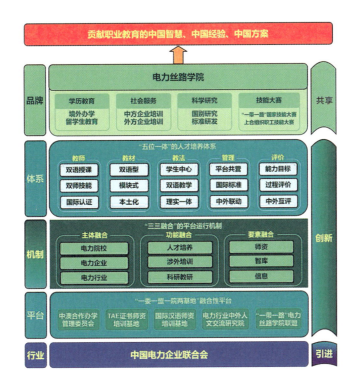

图 10-1 "行业平台型"国际化办学模式

(二)完善"行业主导、平台融合、三阶递进"体制机制

完善了"行业主导、平台融合、三阶递进"的国际化办学体制机制。对"行业平台型"办学模式进行了一系列理论研究和实践探索,形成了"三三融合"的平台运行机制和"三阶递进"的国际化发展机制,如图10-2所示。

实施品牌引领,打造"电力丝路学院",实现更加主动和更高质量的对外开放。以"培养熟悉中华传统文化、中资企业急需的本土技术技能人才"为目标,联合"走出去"中国企业和海外院校共同组建境外"电力丝路学院"。构建"研建教培赛"一体的平台建设机制;共同开展职业教育国际化发展理论研究、中外人文交流研究;共建专业标准、教学标准和教学资源;成立教学共同体,创新中国特色、国际水平的"语言+专业+X证书"的人才培养模式和"仿真训练+工程实践"(STEP)电力特色教学模式,共同开展国际化技术技能培训,支撑电力企业国际化发展,如图10-3所示。

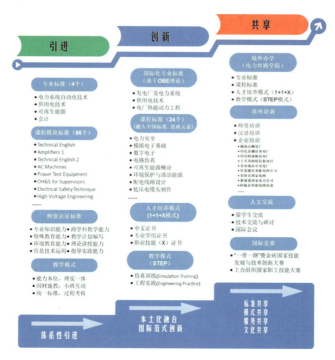

图 10-2　从"引进来"到"走出去"的"三阶递进"发展机制

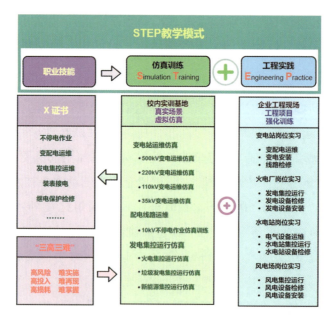

图 10-3　STEP 电力特色教学模式

（三）建立"一院两基地"师资队伍的共建共享

建立"电力行业中外人文交流研究院""TAE证书培训基地""国际汉语师资培训基地"，整合平台院校291位国际认证师资，共同开展国际化教学技能培训、国际汉语培训，共同开展国别研究、教学研讨、标准开发、国际化资源建设，开展教师国际化教学能力竞赛，促进教师教学能力提升，建设一支数量充足、质量优良的"双语、双师"国际化师资队伍。

三、主要模式

树立"聚焦立德树人，学习国际先进，坚持中国特色，产业教育协同，文化技能同步"的国际化办学理念，基于电力行业国际化发展和"一带一路"共建国家对电力人才的需求，以"行业平台"为主要组织形式，实现平台"引进来"、抱团"走出去"，形成了电力职业教育的"行业平台型"国际化发展模式。

（一）构建了"两平台"国际化发展体制

"两平台"是指电力行业院校在国际化发展"引进来"和"走出去"两个阶段分别组建了"中外合作办学管理委员会""'一带一路'电力丝路学院联盟"两个平台。

职业教育国际化过程是一项高度复杂的工作，既要争取中外双方政府最大的支持，还要自身有强大的国际化资源和能力。单个学校资源有限，多个职业院校"组团"合作，有利于资源的最大化利用。

2002年，中国电力企业联合会教育培训中心联合国家电网所属11所电力职业院校，搭建了电力行业中外合作办学管理委员会平台，共同引进澳大利亚TAFE教育项目，并得到了教育部高等教育教司、职业教育与成人教育司的批复。以行业为纽带，搭建引进平台，发挥规模效应，降低合作成本；聚合师资力量，增强合作能力；集聚院校合力，提升对话地位；共建共享资源，相互借鉴办学经验，提升办学水平。

在"引进来"基础上，电力行业职业院校积极响应国家"一带一路"倡议,服务电力"走出去"企业,培养国际化技术技能人才。2020年郑州电力高等专科学校率先在尼泊尔开设"中尼电力丝路学院",开展本土电力技术技能人才培养,当年在尼泊尔招生"电力系统自动化技术""供用电技术"两个专业共87人,成为我国首个以"电力"命名的开展专科学历教育的境外办学项目。2021年3月,由郑州电力高等专科学校牵头,电力行业联合11家国内电力院校、5家境外院校、5家"走出去"企业成立"一带一路"电力丝路学院联盟。联盟成员共同开发教学标准,共同建设教学资源,共同开展教学实施,共同负责国际化人才的就业,形成了职业教育"走出去"的"行业平台型"模式。"一带一路"电力丝路学院联盟根据成员院校和企业的需求,在郑州电专挂牌成立国际汉语师资培训基地,推动"中文＋职业技能"项目实施,填补国际汉语师资缺口。2021年11月,郑州电专联合巴基斯坦拉合尔工程技术大学成立"中巴电力丝路学院"。同年年底郑州电专与教育部中外人文交流中心共建"电力行业中外人文交流研究院",依托研究院对"一带一路"共建国家国情、教育需求、人才培养模式及专业标准开展研究。2022年7月,中国水利水电第十一工程局有限公司海外事业部与郑州电专、尼泊尔加德满都理工学院共同建立"中尼电力丝路学院(尼泊尔)实习实训基地",大力加大"中尼电力丝路学院"学生实践能力培养。2022年9月,百世物流科技(泰国)有限公司与郑州电专和泰国素林技术学院共同建立的"中泰电力丝路学院""中文＋职业技能"基地顺利揭牌,努力打造国际开放合作、校企融合互通、学工衔接贯通的国际示范基地。

(二)开发基于"中文＋电力＋国别"的国际化专业教学标准

职业教育"走出去"的一个重要任务,就是开发与国际先进标准相对接的职业教育课程体系,参与制订职业教育国际标准。在开发国际化教学标准时,要注重专业内容国际化、方法国际化及要素的国际化。电力职业教育采用OBE(结果导向)教育理念作为国际化专业教学标准的开发方法。OBE教育理念突出以学生为中心,是聚焦于学生受教育后获得什么能力和能够做什么的培养模式,按照"反向"设计思路制订专业人才培养方案,开发了"电力系统自动化技术""供用电技术"两个专业国际标准。

电力职业教育国际化专业教学标准的开发基于"中文＋电力＋国别"三个着力点,系统设计电力高职境外本土化人才培养方案,通过深化专业建设,强化语言教育,提升跨文化素养,实现全面提升学生国际能力的人才培养目标,是电力高职院校境外本土化人才培养模式的一种探索。

在语言方面,高职境外本土化人才应过"中文关"。根据教育部关于培养国际学生相关要求,电力职业教育的国际学历生毕业时中文能力应当达到HSK4级合格水平。实施"中文＋电力"职业教育"走出去",不仅能够为当地经济社会发展提供电力专业教育培训服务,还能够增进中外双方在政府、企业、院校等领域间的相互了解,助力国家间人文交流和民心相通。

在专业方面,高职境外本土化人才应过"技能关"。高职境外本土化人才职业技能更精、职业素质更高,只有这样才能充分发挥中国技术和中国装备优势,满足中国"走出去"企业对高级技术技能人才的需求,彰显"一带一路"建设成效。

在国别方面,高职境外人才培养应尽量"本土化"。"一带一路"共建国家经济发展程度参差不齐、职业教育体系不同、技术装备水平不一,即使同是电力领域,在不同的国家其具体适用技术标准也会不同。在境外本土化人才培养过程中,我们应充分关注当地本土化人才在专业技能方面的个性化需求。只有实实在在地替当地的经济社会发展服务、对本土化学生职业生涯发展负责,职业教育"走出去"才有生命力,才能得到持续发展。

(三)设计"1＋1＋X""三证融通"的境外本土化人才培养模式

"1＋1＋X""三证"指的是HSK(汉语水平考试)证书、职业教育学历证书(毕业证)和X证书(职业资格证书、职业技能等级证书)。众所周知,"1＋X"证书制度是我国在借鉴国际职业教育培训普遍做法的基础上形成的、具有鲜明中国特色的职业教育制度,体现了"产教融合、校企合作、工学结合"的类型教育要求。而"1＋1＋X"模式增加了汉语水平考试证书,是中国"1＋X"证书制度的"外销版",既体现了"中国特色",又具有现成的语言标准、专业标准和职业技能等级标准,易于在国际推广中实现标准化。

"一带一路"共建国家正处于发展时期,行业职业资格认证和学历教育同样重要。截至目前,我国电力行业已有 14 个"X 证书",其中 9 个是国家电网公司的证书。这是一批具有"中国特色、国际水准"的职业技能等级证书,为电力类"X 证书"国际化提供了良好条件。电力职业院校在"走出去"过程中,应积极与国内行业龙头企业合作,开发国际化"X 证书",让"东方标准"在"一带一路"共建国家落地生根。

"三证融通"是指在国际化专业教学标准中融入以上三个证书要求,将三个证书的内容融通于专业人才培养方案和课程体系中,在实施过程中做到证书标准和教学标准融通、培训内容与教学内容融通、培训过程和教学过程融通、证书考核和教学考核同步、考核结果和学分互换。

(四)形成境外办学"五双"教学模式

教学模式是在一定教学思想或教学理论指导下建立起来的较为稳定的教学活动结构框架和活动程序。电力职业教育推出了具有中国特色的境外办学"五双"教学模式。

1. 境外境内双课堂

电力职业教育学历教育采用"2+1"模式,即 2 年在境外学习,1 年在中国学习,所以境外本土化学生要经历境外、境内两个课堂的学习。境外课堂主要负责专业基础课教学,部分生产实训内容也在境外中资企业中进行;境内课堂主要依托国内较为完善的实训教学设备进行实训环节的强化以及"X 证书"的培训与考核;境内课堂还有一个重要功能是为国际学生提供真实的中文环境,便于加强人文学习和交流。

2. 学校企业双场所

产教融合、校企合作依然是电力职业教育国际化的主要模式。与"走出去"企业共建境外实训基地,是职业教育国际化标准中不可缺少的一环。通过校企协同培养,提升学生的职业综合能力,根据跨国企业及境外企业的标准要求和企业文化,为其量身定制人才培养方案,实施"准员工"的订单培养模式,为"一带一路"共建国家学生本土化就业提供现实可行的路径。

3.理论实践双促进

理论实践结合是世界职业教育的共识。电力职业教育通过与行业、企业深入合作,围绕企业生产对人才的实际需求,按照"工学一体"的思想,以典型工作任务和工作过程为依据,分解职业能力要素,建立特色课程体系,设计理论与实践教学对应的人才培养方案,合理规划基于能力本位理念的课程改革路线,形成具有专业特色的职业课程。

4.中文外语双语言

"一带一路"共建国家职业教育学生汉语基础差,专业基础也较差,采用中文教材和中文教学往往带来较大的学习难度,所以教学、教材采用中文、外语双语言,同时在某些官方语言为英语的国家辅以英语作为中间语言。

5.文化技能双修炼

电力职业教育"走出去",不仅仅是向本土化人才传授知识技能,语言文化的学习掌握也是必不可少的。"文化技能双修炼"的专业课程理论实践体系,一方面可以有效解决国际学生专业课程听不懂,持续学习动力不足的问题,另一方面也推动了中文和职业技能一起"走出去",助力国家间人文交流和民心相通。

四、合作成效

(一)电力职业教育国际化办学提质增效

依托"行业平台型"国际化办学模式,电力职业教育从"引进来"到"走出去",实现了高质量内涵发展。牵头成立"一带一路"电力丝路学院联盟,如图10-4所示;在尼泊尔、巴基斯坦成立两个电力丝路学院,共享2个优势专业标准及14门课程标准体系,如图10-5所示;国际化教学成果分别获得2021年度全国电力职业教育教学成果特等奖和2021年度河南省高等教育教学成果奖特等奖;与教育部中外人文交流中心共建电力行业中外人文交流研究院、"一带一路"国际汉语师资培训基地、澳大利亚TAE证书师资培训基地,为平台培养国际化师资568人次,291人获得了TAE教师资格证书。

图10-4 "一带一路"电力丝路学院联盟成立大会

图10-5 中巴电力丝路学院成立揭牌仪式

(二)国际化人才培养质量显著提升

平台培养的学生国际化能力明显提升,受到电力行业的普遍欢迎,平均就业率为98.43%,在国家电网等大型国有电力企业就业率达58%,在电力企业从事涉外业务的毕业生达1167人。近三年,学生在全国性竞赛中获得多种奖项,其中获得"一带一路"暨金砖国家技能发展与技术创新大赛一等奖2项,全国职业院校职业技能大赛二等奖2项,全国大学生挑战杯竞赛银奖1项,中国国际"互联网+"大学生创新创业竞赛铜奖3项,高等学校发明杯竞赛一等奖 2 项、二等奖 6 项。

(三) "电力丝路学院"品牌助推国际电力产能合作

在"电力丝路学院"品牌引领下,近年来,平台院校为国内大型电力企业培养国际化技术骨干 216 人;平台院校培养的国际化人才成为电力行业海外业务的主力军;为越南、菲律宾等国家和地区培养电力技术骨干 570 人,有力促进了中国电力企业"走出去"和国际电力产能合作,如表 10-1 所示。

表 10-1 平台院校开展境外技术培训项目

序号	时间	项目名称	委培单位	培训人数
1	2007.1	越南山峒电厂技术人员培训	越南山峒电厂	35
2	2007.9	印度尼西亚苏娜拉亚电厂技术人员培训	印度尼西亚苏娜拉亚电厂	41
3	2007.9	印度尼西亚阿迪帕拉电厂 600MW 机组员工培训	印度尼西亚阿迪帕拉电厂	52
4	2017.10	埃及 EETC500kV 输电线路项目业主工程师培训	中国电力技术装备有限责任公司	30
5	2017.11	菲律宾国家电网公司高级技术人员培训	菲律宾国家电网公司	26
6	2018.1	埃塞俄比亚输电线路架线施工及维护实地培训	四川省送变电建设有限责任公司	14
7	2018.4	埃塞俄比亚配电网公司员工培训	埃塞俄比亚配电网公司	200
8	2018.5	委内瑞拉中央电厂中国培训	委内瑞拉中央电厂	48
9	2018.11	柬埔寨高级电力技术人员培训	柬埔寨国家电力公司	10
10	2019.7	2019 年中阿智能电网培训	阿盟能源部等	36
11	2019.7	柬埔寨国家电力公司输电线路高级专家培训	成蜀电力集团有限公司	18
12	2019.9	土耳其凡城 600MW 换流站运维培训	中国电力技术装备有限责任公司	10
13	2020.7	土耳其阿特拉斯项目员工培训	新昌电厂	25
14	2020.8	土耳其维拉卡项目员工培训	新昌电厂	25

五、推广应用

(一)"电力丝路学院"社会影响不断扩大

学院教学成果在 11 所高等院校应用推广,培养了 14612 名国际化人才;国际化办学经验多次在部级以上会议上做主题发言,被评为第五届世界职业技术大会优秀案例;相关国际化实践成果获中央电视台、中国教育电视台等国家级媒体多次报道。

(二)电力职业教育国际声誉不断提升

澳大利亚教育咨询委员会把本成果作为典型案例进行研究和推广。为泰国、尼泊尔等国职业院校培训教师 254 人;与巴基斯坦、尼泊尔、泰国、柬埔寨等国家 6 所海外高校签署合作办学协议;为菲律宾国家电网公司、埃塞俄比亚配电网公司、柬埔寨国家电力公司等"一带一路"共建国家电力企业培养技术骨干 570 人。13 个国家 329 人到平台院校游学、访问及培训。

(三)电力职业教育对外开放步伐不断加快

"行业平台型"国际化办学模式不仅丰富了中国职业教育国际化办学的模式,还为具有相同行业背景的院校开展国际化办学提供了模式、体制机制借鉴。该模式有助于行业院校发挥专业优势,更好地服务"一带一路""走出去"企业,为"走出去"企业,提供更高质量的本土化人才培养和技术技能培训。同时,该模式还有助于职业院校"以国际化促职业教育现代化",助推职业教育加快对外开放的步伐,实现高质量内涵式发展。

六、总结反思

(一)理论上有创新——首次提出职业教育国际化办学模式的"行业平台型"概念

首次提出由行业牵头,行业职业院校、行业企业共同搭建国际化办学平台,规模"引进来"、抱团"走出去"的"行业平台型"国际化办学模式的概念,并对该模式的动力机制、体制架构、运行机制、发展机制、标准建设、师资建设、质量保障体系等进行了研究和设计。

(二)机制上有突破——创新了"行业主导、平台融合、三阶递进"的行业平台型国际化办学体制机制

行业牵头主导,校企合作建设国际化办学平台,融合三方主体、三项功能、三类资源,实现职业教育规模化、协同化发展,创新了以行业为背景的平台型国际化办学体制机制,为提升职业教育对外开放的治理能力和水平提供了电力行业案例。

(三)实践上有开拓——实施品牌引领,打造"电力丝路学院",实现了更加主动和更高质量的对外开放

创建了"电力丝路学院"品牌,建成"中尼电力丝路学院""中巴电力丝路学院",其中"中尼电力丝路学院"是我国首个开展电力技术类专科学历教育的境外办学项目,创新了境外人才培养模式及电力特色教学模式,学生在中资企业工程项目中开展实践训练。拓展"电力丝路学院"功能,开展涉外培训,为亚、非、中东等地区培训电力技术骨干。建立"电力行业中外人文交流研究院",开展中外人文交流与国别研究,提升"电力丝路学院"品牌影响力。

教随产出　产教协同

——"中文＋交通职业技能"国际合作交流武交院模式

摘　要　"一带一路"建设为职业教育发展带来机遇,指明了职业教育国际化发展的方向和路径。武汉交通职业学院按照"育人为本、开放创新、整合资源、突出重点、办出特色"的国际化发展思路,开展"中文＋交通职业技能"国际化建设,主动服务"走出去"企业,教随产出,产教协同,推进"一带一路"共建国家的产教融合,发挥学校综合交通优势,促进中文教学与职业教育走出去相融合,传播中国文化,服务国际产能合作。在培养国际化技术技能人才的同时,推动中国标准"走出去",教育"走出去",文化"走出去",打造中国职教品牌,推进学校高质量发展。

一、合作背景

2013年,国家提出"一带一路"倡议,其核心内容是"五通"即政策沟通、设施联通、贸易畅通、资金融通、民心相通。教育交流为"一带一路"共建国家民心相通架设桥梁。

2015年以来,为配合"一带一路"倡议,国家各部委相继出台教育国际化政策,鼓励高职院校配合行业企业"走出去",培养培训国际技术技能人才。2019年教育部 财政部《关于实施中国特色高水平高职学校和专业建设计划》的意见,鼓励高职院校服务企业"走出去",开展多种形式的境外办学,承接"走出去"中资企业海外员工培训,培养当地急需的各类"一带一路"建设者。

2020年教育部等九部门印发《职业教育提质培优行动计划(2020—2023年)》中明确提出,推进"中文＋职业技能"项目,助力中国职业教育"走出去",提升国际影响力。2021年中办、国办印发《关于推动现代职业教育高质量发展的意见》提出,打造中国特色职业教育品牌,探索"中文＋

职业技能"的国际化发展模式。

由于多数"一带一路"共建国家的职业教育基础还普遍比较薄弱，产教融合和校企合作的程度还比较低，技能型人才供给不足，加上中文人才缺乏，对高等教育资源有着更多的需求。因此，服务国家"一带一路"建设，开展"中文＋职业技能"是职业院校的光荣使命和责任。

武汉交通职业学院发挥综合交通特色，开展"中文＋交通职业技能"教育合作。依托大型"走出去"企业，"借船出海"，精准聚焦企业人才培养、技术服务、发展需求，依托企业海外分公司，开展海外员工培训、技术推广和服务等，为企业提供人才、技术、文化支持，为建立海外培训中心奠定基础。通过多元合作，学校开展国际中文教育，开展"中文＋交通职业技能"职业教育培训，开展国际师资培训，开发系列教学标准和教学资源，搭建高水平国际合作平台，锻造高素质国际化教师，培养国际化技术技能人才，加强了学校内涵建设，提升国际化办学水平。

学校入选教育部首批50所"经世国际学院"、坦桑尼亚国家职业标准开发牵头单位、Educatioin Plus（第六届）国际职业教育大会2022年职业教育国际合作与交流典型院校、"中文＋职业技能"丝路华语教材建设单位。

二、工作目标

以质量为目标，提升学校国际化水平。

（一）创新合作交流工作机制

建立系列规章制度，提高学校国际化治理能力。

（二）共享中国职业技术标准

产教融合，校企合作，开发与国际接轨的职业教育标准，开展国际化人才培养，贡献武交力量。

(三)传播中国好声音

开展汉语言文化活动,展示中华优秀文化精髓,讲好中国故事。

三、项目过程

(一)完善体制机制,科学规范管理

加强顶层设计。学校高度重视外事工作,成立外事工作领导小组,加强组织领导,建立管理机制。将"中文＋交通职业技能"项目纳入"十四五"国际交流建设规划、"双高"计划、提质培优行动计划、年度重点考核工作、二级学院国际交流合作工作考核细则。制订"中文＋交通职业技能"项目建设方案,组织"中文＋交通职业技能"科研立项,调动教师参加项目的积极性和主动性。

加强制度建设。围绕对外开放工作需要,学校先后制定了《外事工作管理办法》《教职工出国(出境)管理办法》《外籍教师管理办法》《国际交流合作项目管理办法》《招收和培养国际学生实施管理办法》《国际学生突发事件应急处置工作预案》等文件,保证国际化工作有章可依,实现规范化、科学化管理,提升学校国际化治理水平。

(二)坚持标准引领,加强内涵建设

学校坚持"引进来"与"走出去"并重。加强与先进发达国家的教育机构和行业组织开展国际合作。一是分期分批组织100余名骨干教师到澳大利亚、新加坡等国家参加职业教育师资培训,学习先进教育理念和教学模式,拓宽国际视野,提高教师跨文化交流能力。二是引进、共享国际优质教育资源。2018年引入并开发澳大利亚TAFE汽车检测与维修技术培训标准、课程标准。三是开展国际职教标准研制。2019年承办中国-东盟交通职业教育联盟国际学生培养标准研发推进会(图11-1),牵头编制"国际学生城市轨道交通通信信号技术专业教学标准",2022年获全国交通运输职业教育教学指导委员会批准,并在"一带一路"共建国家中推

广。2022年牵头开发制订坦桑尼亚职业标准新能源汽车技术员5级标准,共享国际标准、中国智慧。四是加强国际教学标准建设。学校举办三届教师国际化教学能力提升培训班,组织开发一批国际专业教学标准、课程标准,同时开展特色课程双语教学听评课活动,培养一批双语教学师资。

图11-1 2019年武汉交通职业学院举办中国-东盟交通职业教育
联盟国际学生培养标准研发推进会合影

为推进"中文＋交通职业技能"人才培养,学校选派10名外语教师参加国际汉语教师培养,组建国际汉语教师团队。通过培训、海外教学实践、汉语言文化教学、教学研讨、教学比赛、国际汉语课程建设、汉语教材编写等措施,全面提升国际汉语教师的水平和能力。在向埃及等国家学生培训中文时,精心设计中华优秀传统文化元素,学生通过学习中文,了解中国文化,国际汉语教学获得良好效果。

(三)搭建"中文＋交通职业技能"合作平台,提高合作水平

学校扩大朋友圈,积极加入有国际影响的组织机构,搭建"中文＋交通职业技能"的国际合作平台。学校充分发挥"物流运输""轨道交通""交通建设"等方面专业优势,积极搭建国际化交流平台。学校先后成为"一带一路"共建国家院校和企业交流协会中方理事会副理事长单位、中泰高等教育合作联盟常务理事单位、中国-东盟交通职教联盟常务理事单位,与有国

际影响力的协会、学会,协同行业及兄弟学校建立产教融合、科研合作等多元化平台。学校与"走出去"企业进行需求对接,为"一带一路"共建国家和区域国际交流与合作,提供中国方案。

(四)创新"中文+交通职业技能"人才培养模式,培养国际化技能技术人才

培养中兴国际丝路人才。2017年学校与中兴通信共建国际丝路学院,发挥我校信息通信技术类品牌和专业优势,面向泰国高职院校招收留学生,与甘加纳披色技术学院等7所职业院校签订教育合作协议,开展"中文+电子应用技术、计算机应用技术"教学,培养泰国本土急需的信息技术人才。

图11-2 武汉交通职业学院与泰国7所职业院校签订中泰教育合作协议合影

开展跨境交通职业技能培训。学校服务走向非洲的企业,与森大集团在非洲建立国际化职业教育培训中心并挂牌,组建森大订单班(图11-3)。同时为森大集团在非洲分厂的员工提供消防安全培训;为中铁七局、中国土木集团在坦桑尼亚、阿联酋项目员工举办"中文+BIM应用"技能培训。

图 11-3　武汉交通职业学院-森大集团国际化
职业教育培训中心(非洲)线下揭牌合影

开展境外交通类师资培训。学校充分发挥国家级物流专业及国家级教学团队优势,2019年学校选派2名教师赴老挝为其提供教育援助。通过线上培训方式为老挝巴巴萨技术学院等8所职业院校开展"中文＋智慧交通物流、国际物流服务"师资培训,实现资源共享,优质教学资源共享,打造国际专业品牌。

开展境外国际汉语教学项目。为推广国际中文教学,2021年、2022年学校与埃及、哈萨克斯坦、乌兹别克斯坦等国开展国际汉语教学项目,通过开展线上教学,为留学生提供中文及中国文化培训。

开展境外专升本项目。2017年学校与马来西亚吉隆坡建设大学举办中马国际班项目,通过学分互认,为学生提供升学渠道。

开展校企国际合作项目。2020年学校与中远海运有限公司等企业开展校企合作,组建"卓越海员班",共同培养航海类人才。

四、合作成效

(一)建成了一系列具有"中文＋交通职业技能"特色的教学资源

通过开展"中文＋职业技能"国际合作交流,学校组织开发一系列"中文＋交通职业技能"国际教学标准和教学资源。

建成一批交通职业技能教学资源。学校制订了现代物流管理、船舶电子电气、道路桥梁工程、汽车检测与维修、机电一体化技术等12个专业教学标准;编写了"国际货运代理实务""船舶机舱自动化课程""公路施工技术""汽车发动机机械系统检修""可编程控制技术"等国际课程标准36个;开设电子技术等双语课程5门,国际货运代理实务等国际课程教学设计60个;开发物流客户管理等教学课件15套;制作仓储与配送、汽车检测与维修、工程造价等国际化微课20个。

建成一系列国际汉语教学资源。学校制订了国际汉语教学方案、汉语听力、口语、阅读、综合等5门课程标准;编写国际汉语课程教学设计68个,国际汉语教学课件48套;制作初级汉语国际化微课48个;建有国际初级汉语线上课程1门;组织教师参编"中文＋职业技能"国际汉语系列教材。

(二)搭建了一批"中文＋交通职业技能"国际合作平台

通过"中文＋交通职业技能"教育合作项目,学校在老挝巴巴萨技术学院、柬埔寨工业职业学院建立教师国际交流基地2个(图11-4);在泰国班派工业与社区教育学院、孔敬工业与社区学院中建立国际丝路学院2个;在泰国甘加纳披色技术学院、苏兰拉里技术学院、班派工业与社区学院建立招收泰国留学生基地3个。通过企业合作项目,学校建立森大集团国际化职业教育培训中心(非洲)1个,建立航海专业海外人才培养基地4个,建立中兴通信马来西亚培训中心1个,建立"丝路华语留学生教育实践基地"1个。通过搭建"中文＋交通职业技能"合作平台,服务"走出去"企业人才培养,传播中国文化,讲好中国故事。

图 11-4 武汉交通职业学院与老挝巴巴萨技术学院国际交流基地挂牌合影

（三）打造一支"中文＋交通职业技能"国际教师团队

开展"中文＋交通职业技能"教育合作，教师队伍是关键。学校多措并举，促进汉语教师水平提升、英语教师转型、技能教师融入，汇聚三师、互融互通，形成了"中文＋交通职业技能"国际化人才培养的新团队。以国际人才海外培养基地为依托，举办中外合作项目和校际合作项目，着力探索一套"三师型"国际化师资团队出国培训、进修等合作交流机制。学校通过专业核心课程教学双语化建设，将国外先进的教学模式、课程开发和教学标准等成果应用于教学实践中，同时开展三期教师国际化教学能力提升培训，着力打造一支高素质复合型国际化师资团队。

教师国际化教学能力得到明显提升。2021 年和 2022 年中国-东盟交通职业教育联盟国际化微课教学比赛中，学校教师荣获一等奖 3 项、二等奖 1 项、三等奖及优胜奖各 1 项，学校获优秀组织奖（图 11-5）。

2021 年和 2022 年学校教师在第二届及第三届"丝路华语"国际汉语教学能力大赛中，荣获二等奖 1 项、三等奖 2 项、优胜奖 1 项。在 2021 年全国职业院校国际中文全真课堂教学能力大赛中，学校教师荣获第二名、最佳教案奖，学校获最佳组织奖。

图11-5 武汉交通职业学院教师参加2022年中国-东盟交通职业教育联盟国际化微课教学比赛一等奖获奖证书

(四)培养一批"中文+交通职业技能"国际化人才

开展中泰教育合作项目(图11-6)。学校采取"1+1"培养模式,创建"中文+智慧交通+中国文化"课程体系,培养了41名既懂中文又了解中国文化,同时掌握先进职业技能的本土化人才,受到泰国职教委的好评。该项目在2019中国-东盟教育交流周——"一带一路"与泰国4.0背景下的中泰高等教育合作研讨会上交流,反响很好,获中国教育新闻网报道。

图 11-6 武汉交通职业学院 2018 级泰国留学生毕业合影

开展国际汉语培训项目。2021 年 12 月学校参加首个由中国高职院校承办的"汉语桥"项目,学校教师为来自埃及的 120 名学生教授中国功夫,展示中国功夫的博大精深,传播中华优秀传统文化。2021 年为来自哈萨克斯坦、乌兹别克斯坦、埃及等国的 25 名学生开展国际汉语培训;2022 年举办第二期埃及班国际汉语教学,为 13 名埃及大学生讲授汉语水平考试内容。2022 年学校埃及留学生获第二届"丝路华语"世界大学生国际汉语大赛三等奖。学校被授予"丝路华语留学生教育实践基地""'中文+职业技能'丝路华语系列教材建设单位"。

开展中老师资培训项目。2019 年学校组织教师团队赴老挝巴巴萨技术学院开展为期 10 天的援外专业建设和师资培训,培训 50 人;2021 年 11 月学校为老挝巴巴萨技术学院、万象省技术学院等 6 所职业学校举行"中文+智慧交通物流"线上培训(图 11-7)。2022 年 6 月学校为老挝蛮帕邦职业技术学院、佔吧沙省华侨技术学院、康们省职业技术学院等 8 所大学师生举办"中文+国际物流服务"培训。

图11-7　武汉交通职业学院与老挝巴巴萨技术学院教师
"中文+智慧交通物流"线上培训开班仪式合影

开展中非培训项目。2021年12月学校为中铁七局坦桑尼亚60名员工举办"中文+BIM"培训(图11-8);2022年9月学校为中土阿联酋铁路二期轨道项目50名员工开展"BIM技术在道桥工程中的应用"培训;学校第一批森大订单班,共选派19名学生赴肯尼亚、塞内加尔、加纳实习就业;2022年11月学校为森大集团在肯尼亚、加纳、塞内加尔、赞比亚等海外基地的252名员工开展"中文+消防安全"培训。通过教随产出、产教协同,提高了学校服务企业的能力,共享了"武交方案",构建了校企命运共同体。

图11-8　武汉交通职业学院为中铁七局坦桑尼亚
项目员工提供"中文+BIM应用"培训照片

开展中马教育合作项目。学校与马来西亚吉隆坡建设大学联合举办"2+2"专本连读国际班,28名学生雅思全部通过,成功赴建设大学攻读本科学位,其中 2 名学生攻读硕士学位。

开展"卓越海员班"项目,学校为跨境企业培养高素质航海类人才 130 人。

学校与华为共建 ICT 学院,联合培养信息通信技术国际化人才。武汉交通职业学院代表队参加 2022 年华为 ICT 全球总决赛,从来自 43 个国家和地区的 130 支队伍中脱颖而出,荣获全球总决赛实践赛网络赛道特等奖(图 11-9)。

图 11-9　武汉交通职业学院代表队荣获华为 ICT 全球总决赛实践赛网络赛道特等奖领奖照片

五、总结反思

通过大力推进"中文+交通职业技能"国际教育合作,拓展了学校国际合作交流平台,提升了学校国际化办学水平,提高了国际化人才培养质量,加强了国际化师资队伍建设,促进了国际化教学资源开发,增强了国际化服务能力,促进了学校高质量发展,扩大了国际影响力。

展望未来,学校继续围绕"双高"建设,完成国际化协同创新中心、建设国际化技术技能培养培训基地、建设国际化师资队伍培养培训基地、建设国际化师生交流中心和建设国际化职业教育培训中心五大预期目标,坚持以中文教学为基础、以职业教育为特色、以提高质量为核心、以产教融合为途径,不断完善体制机制,进一步加强专业标准建设,进一步加大师资培养力度,校企合作共同开发教学资源,推进高水平对外开放,深化文明交流互鉴。通过"中文＋交通职业技能"国际交流合作,实现项目、标准、人才、文化、资源全方位共享,成为国际职教标准制订的参与者、中国方案的提供者、企业"走出去"的助推者,为实现中国式现代化和构建人类命运共同体作出更大贡献。

促进民心相通 提供发展支撑

——武汉职业技术学院创新"一带一路"共育合作新模式

摘　要　武汉职业技术学院积极践行"推进共建'一带一路'教育行动",以人文交流和人才培养为双引擎,着力"传播优秀文化、共享职教标准、提供人才支撑",与"一带一路"共建高校创新校际合作模式,共建中外人文交流、国际专业建设、国际人才培养、职业技能培训和国际校企合作等五大平台,取得显著成效。与新加坡义安理工学院等合作院校开展"人文交流与联合教学项目",在马来西亚、肯尼亚建成2个国际职业技能培训中心,共享6个专业标准和15个课程标准,开发6个"中文＋职业技能"培训包,开展"中文＋职业技能"培训,为当地培养国际人才2000余名。学校2次荣获全国高职"国际影响力50强",荣获世界职业院校联盟卓越奖,入选"中国-东盟双百职校强强合作旗舰计划",产生明显示范效应和国际影响,为服务"一带一路"建设提供了"武职案例"。

近年来,随着"一带一路"从理念转变为行动,从愿景转变为现实,中国职业教育特别是中国高等职业教育秉持"开放合作、互利共赢"理念,加快了对外开放步伐,积极服务"一带一路"建设。越来越多的高职院校面向"一带一路"共建国家和地区开展国际合作交流,努力为"一带一路"建设提供人才和技术支撑,取得显著成效。

一、合作背景

"一带一路"建设是一种国际合作新模式,需要中国和共建各国共同努力。我国已有大量技术技能人才赴"一带一路"共建国家工作,他们投身到有关基础设施建设、经济贸易往来、资金流动互通等项目的建设中,为"一带一路"建设作出了巨大贡献。但为实现"五通"目标,共建各国需激活内生力量,承担更多更重要的相关建设任务,这需要相当数量的当地技术技能人才参与建设。然而,"一带一路"共建各国语言文化各异、教育发展水平不同、产业结构也有差别,给人才供给带来了很大挑战。

武汉职业技术学院(下称"武职")贯彻落实《推进共建"一带一路"教育行动》《国家职业教育改革实施方案》《职业教育提质培优行动计划(2020—2023年)》和《关于推动现代职业教育高质量发展的意见》等文件精神,将国际合作与交流同服务"一带一路"建设有机融合,依托校内优势专业基础,突出国际交流历史悠久优势,强化人文交流与人才培养双擎驱动,不断拓展深化合作内容,努力推动与"一带一路"共建国家民心相通,为当地经济社会发展提供人才支撑。

二、工作目标

学校聚焦"传播优秀文化、共享职教标准、提供人才支撑、扩大国际影响",合作共建中外人文交流、国际专业建设、国际人才培养、职业技能培训和国际校企合作等五大平台,为"一带一路"建设营造良好的人文环境,提供有力的人才和技术支撑。

(一)传播中华优秀文化

传播中国的传统之美、变革之美和发展之美,加深"一带一路"共建国家和地区对中国经济、政治、文化、历史等各方面的了解,培养更多了解中国、心向中国的当地建设者。

(二)共享中国职教标准

依托优势专业,在旅游管理、跨境电商、5G移动通信等专业领域开发国际认可的专业标准和课程标准,共享中国职业教育标准和行业技术标准。

(三)培养更多建设人才

面向"一带一路"共建国家,培养更多知华友华爱华,满足当地经济社会发展需要,具有国际素养、职业素养和人文素养的高素质技术技能人才,为当地建设提供有力人才支撑。

(四)提升国际化办学水平

与合作院校长期在更广泛领域加强合作,奋力实现高等职业教育事业发展共赢,努力提升各项国际化办学指标,更好发挥国际合作与交流"排头兵""领头雁"作用。

三、项目过程

(一)创新合作模式

创建可复制推广,又能充分发挥学校主导作用的校际合作新模式。2008年,学校与办学目标一致、办学条件良好、专业设置相近、交流历史悠久的新加坡义安理工学院签订协议,联合开展"人文交流与联合教学项目"。历经多年持续发展,项目影响力在东盟地区不断扩大。武职在此基础上复制推广项目合作模式,与马来西亚双威大学、泰国坦亚武里皇家理工大学、印度尼西亚登巴萨第五国立职业学校等5所"一带一路"共建学校开展合作,并不断拓展项目内涵,与合作院校构建校际合作命运共同体,建立长效沟通机制、管理运营机制、教育开放机制和资金保障机制,定期开展互访和项目质量评估,指定外事部门进行项目管理与运行,加快和扩大教育对外开放,并专门设立"学生海外发展助学金"和"教师海外研修专项资金"。武职与合作院校平等交流、资源共享、双向赋能、合作共赢,长期在更广泛领域加强合作,奋力实现高等职业教育事业发展共赢(图12-1,图12-2)。

图12-1　武职"中新人文交流与联合教学项目"入选中国-东盟高职院校特色合作项目

图12-2　武职为印度尼西亚登巴萨第五国立职业学校开展5G移动通信技术"中文+职业技能"培训项目

（二）强化双擎驱动

武职以人文交流和人才培养为双擎驱动，与合作院校以"人文交流、专业共进、传递友谊、发展共赢"为宗旨，努力构建完备的"文化+技能"国际人才培养体系。

以人文交流为纽带，以文化育人为特色。2008年以来，合作院校每年组织1~2批学生来武职，进行为期5周的交流学习（图12-3）。武职专门开设传统礼仪、书法国画、剪纸艺术、茶艺赏析、荆楚文化、中国概况、哲学思想、古典文学等特色文化课程，组织来校交流学生赴湖北省博物馆、湖北地质博物馆、襄阳古隆中、黄冈东坡赤壁等地参观体验,到小学、养老院开展志愿者服务实践活动,并定期举办师生歌会、体育竞赛、文化沙龙、户外拓展等联谊活动。

图12-3 新加坡交流生在武汉市九峰山小学开展公益英语教学

以人才培养为目标,以支撑发展为使命。根据本校优势专业和当地发展需求,武职点对点开设了5G无线关键技术、集成电路应用技术、光纤熔接施工实训、移动基站运维、导游讲解、酒店服务礼仪、公共建筑设计原理、烘烤食品加工技术、农产品储藏加工等专业课程,以课堂教学、技能实训、企业实践等形式开展教学(图12-4,图12-5)。

图12-4 光纤熔接施工实训场景

图12-5　5G发展状况及产业趋势专题援外培训场景

（三）创新升级发展

一是与时俱进，升级合作层次。武职以中外人文交流和联合培养人才为基础，加快教育对外开放，将合作领域往交流互访、学生互换、学分互认、学术交流、学务交流、合作办学、师资培训、来华留学生教育等方面纵深发展，创建中外人文交流、国际专业建设、国际人才培养、职业技能培训和国际校企合作等五大平台，以平台为支撑开展各类国际教育合作项目（图12-6）。

图12-6　武汉职业技术学院首届缅甸泼水文化节

二是守正创新，丰富合作内涵。武职将共享中国职教标准、促进中外民心相通、服务"一带一路"建设摆在突出位置。随着时代发展和科技进步，民族文化、产业文化先后成为人文交流的主题，"互联网＋"、新商科、人工智能、5G逐渐成为人才培养的热点,课堂教学、车间实训、企业访问、文化体验、线上沙龙等交流形式相得益彰(图12-7,图12-8)。

图12-7　我校教师为"一带一路"援外项目研修班学员讲授跨境电商

图12-8　5G专题"中文＋职业技能"线上培训场景

三是吃透政策,寻求合作机会。按照有关职业教育重要文件要求,近年来武职在参与国际产能合作、开展"中文＋职业技能"培训等方面寻求重点突破。2018年开始,武职持续为来自马来西亚、印度尼西亚、柬埔寨、阿富汗、南非、阿尔及利亚、苏丹、尼日利亚、巴西、墨西哥等"一带一路"共建国家的学员开展职业技能培训。2021年,武职在肯尼亚挂牌成立武汉职院&森大集团非洲职业技能培训中心,服务"走出去"企业(图12-9)。2022年,武汉职业技术学院马来西亚新一代信息技术培训中心在吉隆坡挂牌成立,辐射东盟地区(图12-10)。

图12-9 武汉职院&森大集团非洲职业技能培训中心揭牌仪式

图12-10 武汉职业技术学院马来西亚新一代信息技术培训中心揭牌仪式

四是立足长远,夯实发展基础。武职充分发挥国际合作与交流积极影响,打造"国际视野工程"品牌项目,大力开展专业教师英语轮训、国际人才培养方案研讨、国际学术讲堂、海外实习就业、英语学习经验分享、跨文化交际技巧、沉浸式双创特训营、线上国际教育留学展等活动,努力提升师生国际化素质,为国际化办学升级发展营造良好环境和储备优秀人才(图12-11,图12-12)。

图 12-11 国际文化交流沙龙活动

图 12-12 武职与新加坡义安理工学院联合举办"双创特训营"

四、合作成效

(一)培养"一带一路"建设者

学校通过"人文交流与联合教学项目"和各类"中文＋职业技能"培训,教学时长超过 4000 学时,开展了 20 项职业教育国际化研究,发表相关论文 50 余篇,培养了 400 余名知华友华爱华的国际技术技能人才,他们全部投身"一带一路"建设,其中约 30% 被中资企业聘用,约 50% 被当地企业聘用,约 20% 在当地政府和教育部门工作。参与各方高度认可与武职的合作,学生表示,通过沉浸式专业学习和文化体验,开拓了国际视野,加深了文化融通,提升了专业技能,增进了跨文化理解力、国际胜任力和职业发展创新力;教师表示,通过学术交流和联合培养,能够站在全球视角观察职业教育,熟悉了本专业相关国际产业的发展现状和趋势,提升了面向国际化的教学能力,面向"走出去"企业的社会服务能力、国际学术力和信息化能力。企业认为,武职所培养的人才具备较强的适应能力、沟通能力、协作能力和创新能力。武职与合作院校建立了牢固情谊,增进了中外民心相通,为"一带一路"建设营造了良好的环境。

(二)共享中国职业教育标准

武职建成"武汉职院 & 森大集团非洲职业技能培训中心"和"武汉职业技术学院马来西亚新一代信息技术培训中心",为来自亚、非、拉"一带一路"共建的 20 个国家的 1000 名教师、学生和企业员工开展职业技能培训,共开发了大数据技术应用、连锁与经营管理、建筑工程技术、建筑装饰工程技术、旅游管理和多媒体技术应用等 6 个国际专业标准,开发了 5G 无线关键技术、5G 和 AI 等 15 门课程标准,重点开发了虚拟现实技术、物联网技术、机器人技术、3D 打印技术、5G 移动通信技术、跨境电商等 6 个"中文+职业技能"培训资源包。

(三)贡献服务"一带一路"建设的"武职案例"

通过以上国际合作与交流,武职有效提升了"非全日制国(境)外人员培训量""专任教师赴国(境)外指导和开展培训实践""开发并被国(境)外采用的专业教学标准数和课程标准数"等国际影响核心指标,国际化办学水平显著提升,为服务"一带一路"建设提供了"武职案例"。2018 年,武职获得世界职教院校联盟卓越奖和中国高等职业院校"国际影响力 50 强";2019 年,连续获得中国高等职业院校"国际影响力 50 强";2020 年,获得亚太职业院校影响力 50 强,并在华人华侨创业发展洽谈会国际教育合作专场上做主题报告;2021 年,入选由教育部、外交部亚洲区域合作专项支持的"中国-东盟双百职校强强合作旗舰计划",应邀参加当年中国-东盟职业国际论坛并做典型发言和成果展示;2022年,成功加入世界职业技术教育发展联盟、中国-东盟职业教育联合会、世界教育组织联合会等国际组织,国际人才培养项目入选教育部中外人文交流中心《中外青少年人文交流成果蓝皮书》。作为"湖北职教国际交流联盟"牵头单位,武职充分发挥平台共建共享机制和示范作用,联合省内20余所职业院校与各国(地区)开展交流与合作,助推湖北职业教育国际化发展。

五、总结反思

武职创新校际合作模式,构建了完备的"文化＋技能"国际人才培养体系,增进了中外民心相通,培养了一批知华友华爱华,满足"一带一路"建设需要,具有国际素养、职业素养和人文素养的高素质技术技能人才,为"一带一路"政策沟通、设施联通、贸易畅通、货币融通提供了人才支撑,为"一带一路"建设营造了良好的环境。

(一)人文交流建牢情感纽带

武职高度重视人文交流在国际合作与交流中的基础性作用,强化以人文交流建牢情感纽带。在服务"一带一路"建设的过程中,武职自然而然成为中国与共建国人文交流的使者,客观上发挥了动员民意、汲取民智、汇集民力的作用,有助于政策互通、民心相通,为"一带一路"建设营造了良好的人文环境。

(二)培养当地所需建设人才

武职直接对接当地需求,务求精准和实效。一是研究当地经济产业发展情况,包括产业发展规划与布局、行业技术标准、职业技能标准和企业岗位标准等内容,提升人才培养目标与当地经济发展需求的匹配度。二是了解当地教育发展情况,包括教育体系、教育制度和民众受教育程度等内容,以便明确人才培养层次定位。三是摸清当地社会发展情况,包括社会治安状况、法律法规条款、宗教风俗习惯、交通运输条件等,为教学活动提供保障。

（三）打造品牌教育项目

武职整合优质国际教育资源，打造了"国际视野工程"品牌项目。学校指定外事部门负责运营，每年划拨专项资金保持项目运转。项目下设有国际文化沙龙、国际工程讲堂、留学武职、海外实习就业等子项目，并组建国际文化交流协会，长期开展人文交流和学术交流活动。项目内容丰富、覆盖面广，参与项目年均超过5000人次，每年来校交流学习的长短期留学生超过100名，80余名教师和500余名学生到合作院校交流学习，50余名学生赴合作院校攻读本科学位，30余名学生赴新加坡等国家和地区实习就业。

（四）提升项目发展质量

武职着力提升合作项目质量，保证项目可持续发展。一是提升治理能力，建立健全项目管理机制，优化各项配套政策，激励和吸引更广大师生积极参与，为国际合作与交流持续健康发展提供机制保障。二是提升合作实效，持续巩固提升中外人文交流水平和国际人才培养质量，坚持问题导向和目标导向，提升服务"一带一路"建设实效。三是发挥武职和合作院校在当地引领作用，聚合政校行企资源，牵头搭建多方参与的国际教育项目，助推湖北职业教育国际化发展。

立足特色专业扬帆出海
塑造职业教育国际化品牌

——广州番禺职业技术学院国际化办学创新实践

摘 要 广州番禺职业技术学院立足番禺区域产业经济,依托国家示范性高职院校重点建设专业、教育部"双高计划"重点建设专业群专业,在巴基斯坦、泰国建立海外分院,开展国际学历生联合培养项目和海外职业技能培训项目,培养国际化珠宝人才;与"一带一路"共建国家开展职业教育交流与培训合作,面向"一带一路"共建国家合作院校及行业企业,搭建"双边多维"协同育人项目,开展海外职业技能培训,培养具备国际胜任力的人才,多维推进高职教育国际化。

学校利用特色品牌和专业优势,与新加坡南洋理工学院互设"学生海外研习基地"平台,创新合作模式,形成了独特的运行模式。近年来先后获得了中泰职业教育国际合作贡献奖、第五届中国(青岛)世界职业技术大会优秀案例等荣誉。

一、合作背景

随着"一带一路"建设的不断深入和持续推进,我国进一步加强与"一带一路"共建国家的合作,为职业教育国际化提供了新机遇,给职业教育发展提供了更加开放的国际化发展平台、日益增多的国际合作办学机会和更加广阔的人才培养空间。在这样的背景下,广州番禺职业技术学院立足区域,坚持职业性、开放性、国际化的办学理念,充分利用自身的特色和专业优势,优化对外交流与合作布局,为"一带一路"建设提供高质量人才和技术支撑。学校以2(2个国家高水平)+8(8个校级以上)专业群和被国

(境)外采用的7个专业标准、16个课程标准为载体,提升在国际职教相关专业领域的参与度;在泰国、巴基斯坦建立海外分院,加快优质职业教育资源走出去步伐;聚焦"一带一路"教育合作,探索援助发展中国家职业教育的有效模式;推进海外职业技能培训,在巴基斯坦、老挝、尼日利亚建设海外职业技能培训基地,为"一带一路"共建国家培训累计达2524人次,助力技术技能人才本土化。依托品牌专业优势,打造境外办学特色品牌,融入国际职业教育发展主流,开展学分互认、联合培养与中外合作办学项目10个。

二、工作目标

学校顶层设计学校国际化发展,明确国际化办学定位,强化国际化发展意识,优化国际化机制体制建设,制订国际化建设五年规划。健全组织机构,成立国际化工作委员会,负责制订国际化办学中长期发展规划,建章立制、出台国际化办学系列文件;率先设立国际学院(国际交流合作中心、港澳台事务中心),同时在二级学院配备专人负责国际化事务管理。建立了完备的一体化管理制度和跨部门协调工作机制,构建起学校统一领导、国际学院(国际交流合作中心、港澳台事务中心)归口管理、各职能部门和学院协同合作的国际化工作体系,确保国际化工作有序开展,稳步推进。构建国际化工作制度体系,先后制订教师因公临时出国(境)管理办法、外事接待管理办法、外籍教师管理办法、招收和培养国际学生管理办法、中外合作办学管理办法等,在国际化建设中做到规范化、制度化管理。建立国际化工作考核机制,细化二级单位在国际化建设中的职能和责任,充分发挥政策的导向和激励作用,提高学校各单位参与国际化建设的积极度与配合度。

多年来,在有效整合政府、学校、企业资源的基础上,实现了多边优势互补、资源共享、协同发展,探索形成了"互联网+"线上线下相结合的国际合作办学模式。

三、项目过程

(一) 创新合作办学机制,引进来与走出去双向并举

学校立足"一带一路"建设,多维度探索合作办学新模式,持续加强与"一带一路"共建国家的合作,开展中外合作办学、学分互认、联合培养等多种形式合作办学,推动合作办学特色发展,中外合作办学提质增效,国际办学水平不断提升。

(二) 以重点专业为依托,组建特色海外分院

广州番禺职业技术学院珠宝学院是全国职业教育先进单位,珠宝首饰技术与管理专业是国家示范性高职院校重点建设专业、教育部"双高计划"重点建设专业群组成专业,在全球珠宝首饰领域具有较高的知名度。广州番禺职业技术学院依托该重点专业,携手巴基斯坦、泰国的合作院校及行企业,打造境外办学特色品牌,与国(境)外院校、行业组织合作办学,建立深度校企合作、产教融合的国际协作关系,积极推动组建海外分院,精准培养中外行企业所需人才。在巴基斯坦无限工程学院(图13-1)和泰国甘乍那披塞皇家金匠学院(图13-2)建立珠宝学院海外分院,更好地推动了共建"一带一路"倡议落地落实,提升了学校国际化教育发展实力。

图13-1 广州番禺职业技术学院校领导赴巴基斯坦揭牌海外分院

图 13-2　广州番禺职业技术学院与泰国皇家金匠学院云揭牌仪式

（三）深耕"留学番职"品牌，加大对"一带一路"共建国家国际学生吸引力，国际教育服务能力显著提高

广州番禺职业技术学院加强高水平专业群和现有国际学生就读专业建设，重点建设具有职业特色和国际化特色的课程，打造一批适应国际化发展的品牌课程与品牌专业。扩大国际学生规模，提高国际学生质量。2019年，广州番禺职业技术学院招收和培养首届珠宝首饰技术与管理专业的学历国际学生（图 13-3）。在国际学生培养模式上，学校联合海外合作院校创新"2+1"培养模式，"中文+职业技能"并举并重，开发国际标准体系，多措并举提高职业技术技能水平；主动对接生源国人才需求，瞄准国际学生毕业后可能从事的行业岗位需求制定特色人才培养方案，提升国际学生培养的系统性、针对性和培养质量；建立健全国际学生奖学金体系，强化对奖学金的使用管理和绩效评估，保障国际学生能享受各类教育资源和学习机会；多渠道、全方位提升双方的合作力度，扩大对行企业的社会服务功能；构建育人体系，不断探索职业教育新路径。学校以国际化特色专业积极向海外进行招生宣传工作，招收和培养来自泰国、老挝、越南、蒙古国等国家的国际学历生。

图13-3 国际学生传统文化实践课堂

（四）开展国际职业教育培训，服务国际产能合作

广州番禺职业技术学院结合学校优势专业，积极开展面向"一带一路"共建国家技术人员的专业技能培训，共建共享专业教育教学标准及职业教育经验。以重点专业为依托，开展珠宝首饰技术与管理专业师资培训，对来自泰国曼谷职教中心、泰国甘乍那披塞皇家金匠学院、泰国邵瓦帕职业学院的16名教师进行珠宝专业技能培训（图13-4），丰富的培训内容、专业的培训手段、精湛的训练技能和灵活多样的教学方法，受到泰方的高度赞扬。依托特色优势专业，携手老挝驻华总商会，开展金融专业职业技能培训，与巴基斯坦无限集团、无限工程学院合作，开展CAD职业技能培训，累计培训253人日（图13-5）。积极服务国家"一带一路"倡议，向"一带一路"共建国家提供职业技能培训，推动技术技能人才本土化。

图 13-4 泰国曼谷职教中心教师在广州番禺职业技术学院珠宝学院实训室做实验

图 13-5 广州番禺职业技术学院教师赴巴基斯坦海外分院开展 CAD 职业技能培训

（五）构建国际化课程体系，共建优质专业课程标准

通过国际学历生培养及海外职业技能培训的实践经验探索，广州番禺职业技术学院构建了具有自身特色的国际化课程体系。与合作院校引进与合作开发优质教学资源，将专业课程的本土化与国际化有机融合。一是建设广州番禺职业技术学院珠宝首饰技术与管理专业群的专业标准、课程

标准和实训室建设标准,展示职业教育的"中国形象",推广职业教育的"中国方案",打造中国职教品牌。泰国甘乍那披塞皇家金匠学院、巴基斯坦无限工程学院采用广州番禺职业技术学院珠宝首饰技术与管理专业教学标准,并引进珠宝玉石鉴定、钻石分级、宝玉石加工等十门课程。二是互派教师,广州番禺职业技术学院专业教师赴泰国学习泰国传统技艺(图13-6),实现合作双方的教学资源互补。

图13-6 广州番禺职业技术学院教师在泰国皇家金匠学院学习泰国传统技艺

(六)依托海外金融培训中心,开展海外金融职业技能培训

2019年,广州番禺职业技术学院在老挝设立首个海外金融培训中心,携手老挝驻华总商会,开展金融专业职业技能培训。借助"互联网+"云平台,打造番职特色培训品牌。广州番禺职业技术学院积极联络海外金融培训中心,通过课程录播、课程直播等形式对外开展金融职业技能培训(图13-7)。

图13-7　广州番禺职业技术学院在老挝开展的"粤港澳大湾区启示下的中老财经发展新机遇"的线上培训

（七）对接"一带一路"共建国家发展需求，创新海外人才培养模式

广州番禺职业技术学院积极探索"互联网＋"线上线下相结合的国际合作办学模式。广州番禺职业技术学院教师受邀参与了中国国际电子商务中心的商务部国际合作与交流项目，借助丝路电商云上大讲堂平台开展面向非洲、南美等地区国家的丝路电商云上大讲堂系列讲座，为受训学员在中国获得职业技能培训提供了平台。展示了广州番禺职业技术学院教师响应"走出去"战略，积极服务"一带一路"建设的风采。通过丝路电商讲师分享中国电商成功模式，促进了项目实施，助力了国际国内双循环。

（八）打造学生海外研习基地品牌项目，构建国际合作协同育人平台

为积极响应"一带一路"倡议，加大对外开放力度，学校积极发挥品牌专业特色优势，与新加坡南洋理工学院互设学生海外研习基地，在办学特色、教学模式、科技合作等方面深入探索实践，创新海外研习交流模式，形成了独特的运行模式。

学校积极开展师生研习交流互访活动，其中"中新学生海外研习基地合作项目"入选首批"中国-东盟高职院校特色合作项目"。项目运行以来，

新加坡南洋理工学院来华研习师生达 2157 人次,学校赴新加坡研习师生达 282 人次。师生参与度高、受益面广;稳定性好、可持续性强。双向互动交流充分。短期研习项目作为留学生教育的补充,具有时间短,见效快的特点。对于促进中外学生之间的了解和交流,宣传中国文化、增进友谊发挥了积极作用。

三、合作成效

(一)需求导向开展境外办学,输送国际产能需求人才

广州番禺职业技术学院通过与"一带一路"共建国家院校及行业企业探索实践双边多维的协同育人模式,培养出一批精通汉语、掌握职业技能技术的高素质国际化人才,通过积极探索与实践"一带一路"共建国家职业教育交流与合作,瞄准国际产能需求,实现教学资源互补、师生间互派互访、共同切磋交流技艺。为服务"一带一路"建设和国际产能合作,学校在"一带一路"共建国家建立 3 个海外分院和 3 个职业技能培训基地(中心)。在现有合作基础上,学校将继续扩大合作领域,对标全球先进职教理念,制订国际认可的职业教育专业标准、课程标准,形成以技术研发反哺人才培养的新范例,为建设中国特色职业教育体系,推进广州番禺职业技术学院高职教育国际化进程,打造高职教育中国品牌贡献力量。

(二)服务国际产能合作,构建国际产业技能岗位需求课程体系

学校根据国际产能合作人才需求开发的 7 个专业教学标准、16 门课程标准被泰国、巴基斯坦等国家的合作院校采用。按需共建了多个具有专业特色优势的课程体系。学校深化与政府、行业企业合作,多方协同开展海外职业技能培训,助推专业、课程和资格标准与国际接轨,有效拓展教师国际视野,提升国际化教学能力。

(三)创建特色研习课程,凸显"传统技艺+中国元素"

互建海外研习基地项目实施过程中,在每一批研习项目实施前,根据专业要求及个性化需求的不同,双方管理人员及教师多次协调沟通,编制

详尽的研习日程,并做好应急预案;充分利用校内外资源,不断开发新资源以满足学生研习需要;广拓研习内容,使研习师生获得了更多的当地文化体验,为双方师生创造了更多的交流互动机会。

研习课程特色凸显"传统技艺＋中国元素"。学校皮具艺术设计专业作为广东省高职教育一类品牌专业、广东省一流高职院校高水平专业,借助中国传统文化优势和广东特有的时尚市场背景,打造有国际水准的特色课程,立体展示了中国文化、岭南文化的无穷魅力,对新加坡学生有极强的吸引力。

四、总结反思

(一)政校企合作,形成五业联动育人新模式

广州番禺职业技术学院坚持走内涵式发展道路,主动服务国家"一带一路"建设,精准对接"一带一路"共建国家和地区的社会与产业发展需要。充分利用珠宝、财经等优势专业教育资源,积极推进"一带一路"共建国家国际学生培养,构建"汉语＋文化＋专业＋产业"的职业教育"走出去"办学模式,深化与政府、企业、行业的合作,形成产业、行业、企业、职业、专业五业联动育人模式,多方协同开展海外职业技能培训,助推专业、课程和资格标准与国际接轨,有效拓展教师国际化视野,提升国际化教学能力。为推广中国职教标准、讲好中国故事,推动职业教育国际服务水平发展做出了积极贡献,发挥了较好的示范效应。

(二)利用现代技术媒介,开拓创新云端专题培训新时代

2022年,中国和新加坡双方共同举办云端研习活动,双方参与师生1500余人。活动全程通过高新技术手段让双方师生了解对方的专业项目、特色课程、企业认知、城市文化等。

研习基地将继续利用现代信息技术,创新推动国际学生交流,借助人工智能、大数据、5G等新技术媒介,突破教学与科研交流合作的物理空间和人员流动限制,积极通过云端会议、云讲座、空中工作坊等新形式,促进创新国(境)外研习模式,开启双边师生云端专题培训新时代。

协企"出海"
赋能职业教育国际化发展
——广东工贸职业技术学院参与"一带一路"共建纪实

摘 要 广东工贸职业技术学院积极响应"一带一路"倡议,协同企业"走出去",精准对接"走出去"企业的海外人才需求和当地社会经济发展需要,通过与中国有色矿业集团有限公司在赞比亚共建中赞职业技术学院、"鲁班工坊"以及建设广东工贸分院、在印度尼西亚开办"中文+职业技能"-中文工坊、开展企业境外员工技术技能培训、招收留学生等,助力企业降本增效,实现互联互通与民心相通,培养"知华、爱华、友华"的高素质技术技能人才。

一、合作背景

职业教育"走出去"是"一带一路"倡议和区域合作的要求。"一带一路"建设和国际区域合作中,因语言不通和沟通不足等原因,存在企业与海外当地社区融合程度不够、海外当地人民对企业发展认同不足等问题。职业教育可充分发挥润物无声、贴近民生的作用,利用我国职业教育标准、理念和师资等优质教育资源,探索职业教育协同企业"走出去",赢得企业和当地居民的广泛认同,有效促进中资企业在海外的长远发展,推动高质量共建"一带一路",为区域合作和互联互通注入动力。

为培养适应"一带一路"建设需求的技术技能人才,促进"一带一路"共建国家民心相通,广东工贸职业技术学院作为人才培养和中外人文交流的重要参与者,积极主动服务企业"走出去",发挥职业教育在"一带一路"建设中的基础性作用,为进一步推进职业教育对外开放,助力提升国际化办学水平和质量赋能。

二、工作目标

为响应"一带一路"倡议,助力中国优质企业"走出去",精准对接"走出去"企业的海外人才需求和当地社会经济发展需求,学校作为教育部职业教育"走出去"试点院校之一,紧紧围绕提升国际化水平中心任务,构建"政校行企"合作办学机制;以职业教育"走出去"为动力,以组建职教"走出去"工作组和成立中赞职业技术学院工作专班为保障,完善顶层设计,助力国际产能合作;聚焦企业海外发展,与中国有色矿业集团以及其他"双高"职业院校在海外独立举办一所实施学历教育的职业院校——中赞职业技术学院,并成立广东工贸分院。共建专业、课程标准和系列适应本土国家的国际职业标准并纳入该国国民教育体系,出版系列工业汉语教材并投入使用,引领示范中国职教"走出去"。

建设鲁班工坊和中文工坊(印度尼西亚),打造"双工坊"品牌,选派优秀教师赴海外企业开展培训,大力提升海外本土员工技术技能水平和汉语学习热情,助力企业海外降本增效,形成"中文+职业技能"特色,赋能中国方案和智慧,实现国际化办学"再提升"。

积极参与教育部职教资源引进项目,促进产教融合国际化发展,培养国际化高素质人才,实现"国际可交流";招收企业境外优秀员工子弟来华留学,讲好中国故事,助力"心联通"。编写工业汉语教材,研制国际专业标准,开展企业海外本土员工线上培训和来华留学生培养等,推进"中文+职业技能"教育,为"一带一路"建设增值赋能。

三、项目过程

为响应"一带一路"倡议,助力中国优质企业"走出去",2017年学校与中国有色矿业集团(世界500强)签订校企深度合作协议,2019年成为教育部职业教育"走出去"试点院校之一,精准对接"走出去"企业的海外人才需求和当地社会经济发展需求,积极参与教育部职业教育"走出去"试点工作,在赞比亚开设导游专业,研制导游专业国际教学标准和课程体系;2021年申办印度尼西亚中文工坊,举办多期线上线下技术技能培训,实现了专业标准、人才、技术以及工业汉语教材等"走出去",形成了"对接·融合·聚焦"的多元合作国际化人才培养体系。

学校与中国有色矿业集团开展了一系列职业教育合作,通过学校校长奖学金项目,招收和培养来华留学印度尼西亚学生;承接企业优秀员工来华和在线开展职业技术技能培训,学习反馈效果极佳,受到参训印度尼西亚员工一致好评。2022年3月,作为央企"走出去"排头兵,中国有色矿业集团有限公司向学校发送感谢信,感谢学校长期以来对企业海外发展的支持与关怀。2019年以来,学校在建设中赞职业技术学院广东工贸分院的过程中积累了丰富的境外办学经验。2021年,在中国驻棉兰总领事馆的支持下,与教育部中外语言交流合作中心和中色(印度尼西亚)达瑞矿业有限公司(中国有色矿业集团有限公司境外控股企业)三方成功申办中文工坊,按照中国职业教育标准,结合海外合作机构的企业人才需求和当地社会经济发展需求,实施"中文+职业技能"教育,开展国际中文教育、HSK考试、教学资源研发、企业定制培训和人文交流。学校将继续积极开展"中文+职业技能"教育,推动国际中文教育与职业教育"走出去"融合发展,讲好中国故事,为"走出去"企业海外发展保驾护航。

(一)加强顶层设计

学校高度注重职业教育"走出去"工作,组建职业教育"走出去"领导小组和工作小组,为中赞职业技术学院董事会董事,成立中赞职业技术学院广东工贸分院建设工作专班,厘清学校内部各部门职责,形成多部门联动的协调沟通机制,保障境外办学建设顺利推进。将职业教育"走出去"纳入学校"十四五"规划和"双高"院校建设重点项目,整体布局,统筹规划。制定《涉外交流合作管理办法》等10个相关制度,加强境外办学规范运行;制定《教师赴中赞职业技术学院工贸分院待遇规定》等激励措施,推动职业教育"走出去"工作顺利开展。

(二)"政校行企"多元合作

学校与政府、行业和企业开展"政校行企"多元合作(图14-1),按照

"政府引导、行业协调、企业主建、学校主教"的原则,共同推进职业教育"走出去"。具体来说,"政"是指教育主管部门,即中国教育部中外语言合作中心、广东省教育厅和赞比亚职业教育与培训管理局(TEVET)等,负责出台文件,提供政策指导;"行"是指有色金属工业人才中心,负责整合资源、多方协调;"企"是指中国有色矿业集团及其下属境外企业,主要负责境外基础建设等;"校"是指广东工贸职业技术学院,主要负责职业教育"走出去"内涵建设。四方共同开展职业教育"走出去",实现办学成效最大化。

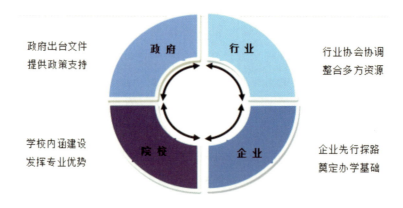

图 14-1 "政校行企"多元合作实施职业教育"走出去"模式图

(三)学历教育与技能培训相结合

在办学形式上,学校职业教育"走出去"实施两种形式的教育:学历教育与技能培训。学历教育方面,学校在 2019 年开办中赞职业技术学院广东工贸分院,向赞比亚社会民众提供国际导游专业学历教育;同时开展来华留学生招生和培养,招收企业推荐的优秀员工子女等来校就读,培养企业在赞比亚长远发展的优质人才资源储备。技能培训方面,针对企业发展中存在的人力资源问题,依托测绘地理信息技术、模具设计与制造等优势专业群,通过选派教师赴赞比亚和邀请企业优秀员工来华培训等,开展测绘工程项目管理、电机维修、钳工、计算机应用、仓库管理等 10 多个工种和类别的技能培训。

学校主动融入"一带一路"、中国-东盟职业教育共同体,精准对接"走出去"企业发展需求,每年举办至少两期企业各阶层的本土优秀员工来华培训和线上培训,培训项目以企业实际需求为出发点,学校派出具有丰富理论和实践教学水平又兼备外语能力的优秀教师,以多模块的教学方式开设了学校优势专业诸如模具、机电、测量工程技术、遥感、无人机、仓储及企业管理培训和中华文化学习等主题课程。近四年来累计培训量达7800余人日。

培训项目充分结合线下线上的教学特点,在课程设置和教学方式上采用理实教学、研讨互动、优秀企业现场教学及技术技能培训与传统文化交流相结合,实景、虚拟网络课堂互融,人际、人机教学互动,受到留学生一致好评,学习有效性和趣味性大大增强。培训更加聚焦、务实且高效,为"中文+职业技能"教育推广的生态适应性提供了借鉴,助力企业降本增效和产业结构升级,为实现本土化人才提升技术技能水平提供平台和支撑。

学校积极赋能"一带一路"倡议和国际产能合作,入选教育部职业教育"走出去"13所试点院校之一,依托中国有色矿业集团,与多所院校合作共建中赞职业技术学院并成立广东工贸分院(图14-2)。学校以分院建设领导小组和工作专班,以及中赞职业技术学院章程为保障,开办了导游专业,开发专业标准和课程标准,编写导游汉语教材,建设分院云实训基地,招聘本土教师并实施培养方案,开展当地学生招生。并建立中赞职业技术学院建设专题研讨例会制,保障境外办学质量。

中赞职业技术学院是我国高职院校协同企业"走出去"在海外独立举办的第一所开展学历教育的高职院校,创新职业教育"走出去"共建共享合作新模式,具有重要示范引领作用,为打造我国职业教育品牌国际化和海外发展提供了可借鉴的方案,为世界职业教育发展贡献了中国智慧。中赞职业技术学院建设案例于2021年纳入教育部编制的《习近平新时代中国特色社会主义思想学生读本》。同年,学校通过参加中国国际服务贸易交易会专题展等活动,向世界展示学校职业教育"走出去"办学成果,各界报道频频,受到国际尤其是东盟国家的关注。

图 14-2 中赞职院揭牌仪式

（四）"走出去"与"请进来"相结合

学校在开展职业教育"走出去"的同时注重"请进来"。一方面，"走出去"实施学历教育和技能培训。2019 年以来，在中赞职业技术学院广东工贸分院积累了一定的境外办学经验。2022 年，在中国驻棉兰总领事馆的支持下，学校与教育部中外语言交流合作中心和中国有色矿业集团（印度尼西亚）达瑞矿业有限公司三方共同成立了"中文工坊"，按照中国职业教育标准，结合海外合作机构的企业人才需求和当地社会经济发展需求，推行"中文＋职业技能"教育，开展国际中文教育、HSK 考试、教学资源研发、企业定制培训和人文交流等，促进两国民心相通。另一方面，邀请企业优秀本土员工来华培训和接受企业推荐的优秀员工子女来华留学，组建国际交流经验丰富、教学能力出众的教学团队，组织"强健体魄＋文化体验"系列主题活动，培养懂中文、熟悉中国文化、通晓专业技术技能的高素质复合型人才（图 14-3，图 14-4，图 14-5）。

同期，依托中赞职业技术学院，"鲁班工坊"也成功获批教育部建设运营单位。

图14-3 机械制造及自动化专业来华留学生开展专业实训

图14-4 学校教师赴赞比亚开展企业技术技能培训

图14-5 学校承接2019中国有色矿业集团（印度尼西亚）达瑞矿业有限公司的员工来华培训

（五）线上与线下相结合

学校探索通过线上线下相结合的形式，开展技术技能培训和文化交流。2021年，学校创新教学授课方式，积极开展线上技术技能培训和"中文＋职业技能"教育，推动国际中文教育与职业教育"走出去"融合发展，讲好中国故事（图14-6）。同年，组织专业团队编写《导游汉语》等工业汉语教材，开发配套教学资源；选派教师参加由国家开放大学和有色金属工业人才中心共同开办的的职业院校"一带一路"汉语国际教育师资专班，考取国际中文教师证书，培养"专业知识＋教学能力＋文化素养"三位一体的优秀汉语师资。

图 14-6　学校举办 2021 中国有色矿业集团(印度尼西亚)达瑞矿业技能线上培训班

四、合作成效

(一)职业教育"走出去"办学成果显著

学校发挥自身优势特色,探索出一条职业教育"走出去"服务国家"一带一路"倡议的有效实践路径,助力民心相通,促进"走出去"企业降本增效,培养了一大批通中国语言、懂中国文化的高质量技术技能人才。2019年至2022年,合作培养来华留学生76名,境外人员培训量7800余人日,境外技能大赛获奖15项,教师考取国际中文教师证书9人,开发纳入赞比亚国民教育体系的导游专业教学标准1个,编写工业汉语系列教材2套,与"一带一路"共建国家院校签署战略合作协议17个。学校职业教育"走出去"办学水平提升显著,入选教育部职业教育"走出去"13所试点院校之一,荣获"2018年广东省高等院校对外交流与合作先进集体奖""2019年广东省高等院校留学生教育先进集体奖"等殊荣,"走出去"国际化办学案例获中国职业技术教育学会颁发的"2021中国世界职业教育大会优秀案例奖"。2021年,"汉语桥"中文+工业机器人技术体验团组项目获教育部中外语言交流合作中心立项并资助,"双语双能双育:职业院校协同'走出去'企业共育本土技能人才模式探索与实践"项目获2021年"广东教育教学成果奖二等奖"。2022年,学校入选"职业教育国际合作与交流典型院校"和"职业教育国际合作与交流典型案例"。

（二）职业教育"走出去"

通过推广中国优质职业教育标准和共建共享职业教育资源，2021年，中赞职业技术学院案例被纳入教育部编制的《习近平新时代中国特色社会主义思想学生读本》。同年，广东工贸职业技术学院作为广东两所高职院校代表之一，参加中国国际服务贸易交易会交易专题展，向世界展示广东工贸"走出去"国际化办学成果。学校职业教育"走出去"工作还受到印度尼西亚《MEDAN BISNIS日报》网站、哈萨克斯坦《丝路新观察》、中国职业技术教育、世界职业教育大会暨展览会等18家国内外主流媒体和新媒体的关注和报道，增强了"一带一路"共建国家民众对中国职业教育、中国企业和中国的认同感，夯实了一带一路共建国家民心相通基础，为"一带一路"建设贡献力量。

（三）职业教育国际标准纳入本土国家国民职业教育体系

学校积极响应"一带一路"倡议，以国际职业标准建设项目为契机，在中赞职业技术学院研制的"导游专业"课程标准成功通过赞比亚职业教育与培训管理局的专业标准认证。实现了中国职业教育国际化的"标准推出"，增强了"一带一路"共建国家民众对中国职业教育、中国企业和中国的认同感。

学校针对坦桑尼亚国家重点行业职业技能岗位，结合我国职业教育特色制订行业职业标准，组织专业师资团队对坦桑尼亚相关行业进行职业能力评估，力争实现职业标准与教学标准、职业教育课程和培训方案紧密贴合，开发了测绘技术员7－8级标准、信息技术技术员（工程师）4－8级标准以及电气工程技术员（工程师）4－8级标准等坦桑尼亚国家职业标准，按照坦桑尼亚国家相关流程注册认证，与配套专业教学标准一并纳入坦桑尼亚国家职业教育体系，指导坦桑尼亚国家职业院校开展人才培养工作。促进坦桑尼亚职业教育和培训的发展，持续为中国职业教育"走出去"，践行构建新时代中非命运共同体提供广东工贸职业技术学院的智慧和力量。

五、总结反思

学校参与教育部职业教育"走出去"试点工作,目前已取得阶段性新进展,产出系列成果,形成可复制可推广的国际化办学品牌模式,对国内相关院校开展职业教育"走出去"起到示范引领作用。

一是深化产教融合,共建海外学校。坚持服务国际产能合作,助力企业境外发展,深入推进产教融合。强化职业教育"走出去"前期调研,将学校优质资源和企业海外发展对职业教育"走出去"的实际需求进行精准对接,联合国内相关院校,整合优质资源,共同开办海外学校,服务企业在境外发展,提升我国职业教育发展水平。

二是加强内涵建设,提升国际化水平。依托海外办学项目,开展国际专业标准和教学标准研制、工业汉语教材编写、境外人员技术技能培训等,在提升学校国际化办学水平的同时促进学校内涵建设,提升学校高素质技术技能人才培养的能力,形成具有中国特色的高职教育国际化办学模式,进一步办好"当地离不开、业内都认同、国际可交流"的高水平职业教育。

三是强化理论研究,提供智力支撑。在打造中国职业教育"走出去"品牌的同时,强化理论研究,总结中国企业和产品"走出去"相配套的职业教育发展模式,为高职国际化人才培养提供智力支持,对国内相关院校国际化发展起到引领示范作用,赋能"一带一路"倡议与国际产能合作。

学校深化教育合作,优化资源配置,厘清各方职责,创新境外办学模式,共商共建,已形成在政府主导下的行业协会、企业、社会共同参与的多元主体办学格局和可复制、可推广的"政校行企"协同海外办学模式,为相关职业院校、行业协会和"走出去"企业提供借鉴参考。

然而职业教育"走出去"还面临境外安全风险、教学场地限制和选派人员不足等困难。职业教育"走出去"还属于新生事物,发展历史较短,规模较小,仍处于探索起步阶段,在具体实践中仍需注意加强政府政策统筹、强化校企行业协同沟通、提升职业院校国际化办学理念、挖掘职教"走出去"品牌特色和保障经费投入可持续性等。站在扩大教育对外开放、深化教育改革的高度,高职院校应携手共进,砥砺前行,进一步探索职业教育"走出去",有效赋能"一带一路"建设。

校企协同出海，实现中国标准全球推广

——柳州职业技术学院探索校企融合新模式

摘　要　为支持地方龙头企业——广西柳工机械股份有限公司（后简称"柳工"）、上汽通用五菱汽车股份有限公司（后简称"上汽通用五菱"）的全球发展，解决企业在海外的用人需求，柳州职业技术学院（后简称"柳职院"）与企业协同出海，合作推广技术标准与专业标准。

一、合作背景

（一）中国工程车辆产业全球发展迫切需要本土化技术技能人才支持

伴随中国基建出海，中国的工程机械企业国际化发展起步较早，以柳工为代表的企业已经在海外建立起了成熟的营销体系。截至目前（2022 年 12 月），通过海外营销、海外并购、海外生产，柳工在全球已拥有 20 个制造基地、17000 多名员工、5 个研发基地以及 17 个区域配件中心，在 170 多个国家拥有超过 300 个经销商，其中在"一带一路"共建国家的业务覆盖率达到 85%。

近年，中国汽车出口量也不断攀升，以上汽通用五菱为例，其在 2021 年实现出口量增长 97%。然而与国际业务的不断增长相比，全球工程车辆技术人才匮乏呈普遍之态。比如在东盟国家中，存在职业教育不发达，工程机械专业在职业院校中开办布点少，行业中的维修技术人员学历水平较低，难以适应不断迭代的新技术发展等问题。目前，日本知名工程车辆企业为了推动其后市场服务水平，早已启动与当地院校的合作。而中国的工程车辆企业在海外却还没有能启动相关人才培养计划，经销商培训也没有实现本土实施，急需加强与当地院校合作，推动工程车辆相关专业的建设与发展,提高技术人员的素质,实现技术人员本土化,才能在竞争激烈的国际市场与其他品牌角逐。

(二)校企深度合作,奠定了协同出海的厚实基础

柳工、上汽通用五菱与柳职院的合作始于20世纪八十年代,学校从帮企业开展新产品试制,输送毕业生实习就业开始,到合作开办订单班,定制化培养技术人员和海外售后服务人员(图15-1)。根据柳工统计,目前柳工一线核心骨干岗位,80%来自柳职院,柳工海外服务人员中,有20%来自柳职院。校企双方经过多年合作,相互支持,相互信任,奠定了协同出海的厚实基础。

图15-1 柳职院和柳工合作历程图

二、工作目标

(一)校企共建三级标准工作团队,确保标准建设与实施水平

在与企业合作共建标准方面,校企共同探索了组建标准编制－审核－实施三级工作团队(图15-2)的模式。编制团队负责企业产品技术标准、培训标准、实训基地建设与标准管理、建设相关配套的PPT、多语种教材、中英双语教学视频等的建设。审核团队负责审定各项标准及教学资料的正确性与规范性。实施团队负责实施TTT(train the trainer)项目,认证分中心和国际工匠学院培训师。

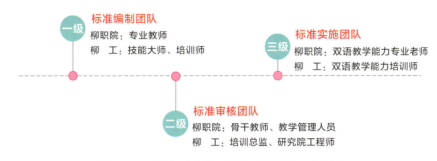

图 15-2　柳职院和柳工共建三级标准工作团队

（二）参加国际标准认证，倒逼标准推广与实施团队建设水平提升

为确保推广标准代表中国职业教育水平，达到国际通行标准，柳职院和企业共建的专业标准参与了中国交通教育研究会团体标准认证等国内、国际三个标准认证。通过认证，倒逼工作团队不断优化推广标准，确保推广质量。其中，智能工程机械运用技术海外服务人员培养标准已获出版。

（三）构建覆盖全球的培训网络，搭建本土化人才培养平台

1.共建覆盖全球的企业培训中心，推动经销商体系技术服务认证

2017年，柳职院与柳工在柳职院共建"柳工-柳职院全球客户体验中心"，同时在常州、无锡、蚌埠、镇江建立4个国内分中心，在泰国、俄罗斯、波兰等国家建设了8个海外分中心，形成了以坐落在柳职院的"柳工-柳职院全球客户体验中心"为总部，覆盖全球的培训网络。

2021年，柳职院与上汽通用五菱共建了"上汽通用五菱全球服务培训中心"，并启动了面向中东、南美地区的6个国家的培训。

学校与东风柳州汽车有限公司共建了产教融合基地，2022—2023年承接该公司70场全球直播培训。

2.一国一策，稳步建设"国际工匠学院"

为解决柳工海外分公司及经销商体系、终端客户人才供给不足，服务能力急需提升的问题，柳职院与柳工协同出海，在柳工全球核心市场寻找

海外院校开展合作,根据"一国一策"的原则,共建"国际工匠学院",招收当地学生,定制化培养工程机械技术技能型人才。

2018年1月,柳职院与柳工及其沙特阿拉伯经销商沙特卡坦尼集团达成三方协议,合作共建卡坦尼学院,向沙特推广专业系列标准(图15-3)。

2021年12月,柳职院与柳工、泰国正大管理学院签约共建"柳工-柳职院全球客户体验中心泰国分中心""柳工-柳职院泰国国际工匠学院"(图15-4),完成了教师培训认证及专业标准、实训基地建设标准、5门课程标准、5本教材的推广。中心已正式揭牌,第一届泰国学生柳工订单班招收了16名学生,已开班培训,考核合格的学生于2023年9月到校继续学习并到柳工实习。

2022年8月10日,学校与柳工、印度尼西亚雅加达州立理工学院签约共建"柳工-柳职院全球客户体验中心印度尼西亚分中心""柳工-柳职院印度尼西亚国际工匠学院"(图15-5)。目前,柳工印度尼西亚公司已经完成对中心的近50台套设备的投入,新建的培训大楼也已竣工,学校于2022年11月选派了2名教师赴印度尼西亚开展师资培训,完成了师资培训认证。首届订单班将启动招生并开课。同时,三方将对标中国鲁班工坊建设标准,以建设一个印度尼西亚一流的工程机械培训中心,并以中心为基础申报中国鲁班工坊项目为目标开展合作,合力解决印度尼西亚工程机械技术服务人才匮乏问题,为柳工以及其他中国工程机械企业在印度尼西亚的发展助力。

图15-3　柳职院、柳工、沙特卡坦尼集团项目团队合影

图15-4 柳职院、柳工、泰国正大管理学院三方线上签约仪式

图15-5 与柳工、印度尼西亚雅加达州立理工学院线上签约仪式

(四)稳步实施,力保标准推广质量

1.实施培训师分级认证,探索构建国际共享型教学团队

为保证企业全球培训中心以及国际工匠学院的教学培训质量,柳职院和柳工、上汽通用五菱共同编制了培训师培训认证体系,通过实施 TTT(train the trainer)项目,推动海外分中心和国际工匠学院培训师专业技术与培训水平。目前,与柳工合作已经完成全球12个分中心培训师培训,完成沙特卡坦尼学院9名教师(图15-6),泰国6名教师(图15-7)和印度尼西亚7名教师(图15-8)的培训认证。与上汽通用五菱合作完成了6个国家23名培训师培训。未来,校企将深入研究企业培训师、全球合作院校教师的共享交流机制,着力构建一支校企专兼结合,国际化的教学团队。

图 15-6　柳职院教师对沙特阿拉伯教师开展师资培训

图 15-7　柳职院教师对泰国教师进行认证考核

图 15-8　柳职院教师在印度尼西亚雅加达理工学院进行培训认证

2. 共建多语种立体教学资源，实现全球共享

为实现全球培训与教学同步，柳职院建立了国际网络学院，与柳工合作共建工程机械运用技术专业教学资源库，与上汽通用五菱共建网络培训

中心,开发了包括微课、视频、动画、虚拟仿真、图片、电子文档等在内的2000多个教学资源,建设了裸眼3D工程机械VR教学资源,共建了8门英文在线课程,一个培训包,编制了5本中文、英语、泰语、印度尼西亚语教材,通过柳职院国际网络学院平台,向海外分中心及合作院校共享。

3. 组织开展全球技能大赛,推动技术人员水平不断升级

2017年、2018年、2021年、2022年柳职院与柳工举办了四届"柳工全球服务技能大比武"(图15-9),比赛涵盖设备检测、故障排除、服务交机等。2022年,学校首次派出的2名在校学生也入围决赛,汽车工程学院两位老师应邀与柳工资深售后服务支持人员、广西康明斯工业动力有限公司技术服务专家担任本次决赛裁判。

未来,技能大比武将拓展到合作院校的老师和学生,搭建平台,推动全球合作体系人员钻研技术,提升服务能力和水平。

图15-9 2022年柳工全球技能比武大赛嘉宾、裁判和选手合影

三、合作成效

学校与柳工共建全球客户体验中心,与上汽通用五菱启动了6个国家的培训师培训,有效提高了柳工技术人员及经销商体系人员的技术与服务水平。

校企共建海外国际工匠学院,推广各类标准48个,覆盖10余个国家

和地区,推广英语、泰语、印度尼西亚语教材15本,建设了全球共享的电子教学资源2000多个。

因建设成效突出,柳职院汽车检测与维修专业、工程机械应用技术专业获评为国家创新行动计划骨干专业,实训基地获评为国家示范生产性实训基地;8门课程和对应培训包获广西面向东盟国际化职业教育资源认定。

通过合作实施国际化办学与培训,企业海外服务能力不断提升,有效支撑了海外业务的持续增长,2021年柳工海外营销增长70%以上,上汽通用五菱海外业务增长97%。

四、总结反思

学校通过学习、借鉴和转化发达国家先进职业教育模式与理念,参与国际标准认证,倒逼专业不断提升教育教学能力与水平;校企共建,融贯企业标准与要求,形成特色优势的职业教育模式,伴随中国企业走出去,实现标准高质量推广。2019年,学校完成全套工程车辆专业系列标准推广到沙特阿拉伯,2021年学校为上汽通用五菱开发的培训资源包向6个国家推广。

通过建设国际网络学院,校企共建在线课程、在线教学资源,向全球分中心和国际工匠学院共享。

柳工-柳职院全球客户体验中心和上汽通用五菱全球服务培训中心建成后,每年接待来自同行、企业参观交流40多批次,为企业院校深度融合协同开展国际合作与交流提供了借鉴的蓝本。

创"三维融合"新模式 育跨境电商新人才

——广西金融职业技术学院助力中国-东盟跨境电商高质量发展

摘　要　广西金融职业技术学院依托区域优势和专业优势，以面向东盟国家开展国际化办学为主线，按照"有国际视野人才、有国际化课程、有跨国企业合作、有国际合作项目、有国际合作成效"的思路，构建"三维融合"国际化人才培养模式，着重推动跨境电商产业学院建设，与广西跨境电商产教融合龙头企业——广西启迪创新跨境电子商务有限公司紧密合作，制订跨境电商专业国际化教学标准，紧密对接广西15大重点产业和东盟国家产业强链计划，大力培育东盟国家跨境电商复合型人才，为中国-东盟跨境电商产业高质量发展作出积极贡献。

一、合作背景

随着国家"一带一路"倡议的深入实施与推进，中国电子商务成为畅通国内国际双循环的重要力量。跨境电商作为外贸新业态，在国家多项政策支持下已经成为稳外贸的重要抓手，为社会主义市场经济发展注入新活力。

广西金融职业技术学院在国际交流与合作方面，通过完善机制、搭建平台、打造品牌，国际化发展特色纷呈，服务国家周边外交，助推21世纪"海上丝绸之路"建设。具体表现在以下几个方面：一是国际交流学生人数逐年增加。学校狠抓内涵建设，助力打造"留学广西"品牌，与"一带一路"共建国家院校建立了合作关系。2011年以来，学校招收的来华学习技术技能的外国学生数量大幅增长。二是师资队伍国际化视野不断提升。充分利用国家各类人才支撑政策及学校各类政策，不断加强教师队伍的国际化,提升教师队伍的国际化视野,不断提高教师队伍适应国际化竞争的能力。通过国外访学、讲学以及进行学术交流等方式培养了一批具有国际视野的高素质师资。三是服务经济发展能力逐步增强。学校积极服务自治区"走出去"战略,主动对接自治区重点产业,实施"企业走出去职业教育伴随计划",在汽车、农业、铁路、物流、信息服务等行业中培养大量服务第一、二、三产业领域的技术技能型人才,覆盖越南、印度尼西亚、泰国、缅甸等"一带一路"共建国家。

二、工作目标

(一)构建"三维融合"育人新模式

学校以新技术平台为支撑,按照教随产出、产教同行的基本思路,构建了人才、产业、技术的"三维融合"育人新模式,突出新技术技能人才的培养及培训,打造了面向"一带一路"的"国际化产教融合生态体系",实现学校、企业和国外高校同频共振,形成与中国企业"走出去"相伴随、与海外企业相互联、与境外院校相促进的职业教育国际化建设思路。

(二)培养服务数字经济发展高素质人才

结合广西和粤港澳、RCEP区域与"一带一路"共建国家市场已发展成熟的跨境产业基础,广西金融职业技术学院跨境电子商务产业学院把搭建与产业一线紧密结合的高质量实训实践场景,将学生真正培养成为服务数字贸易产业发展的栋梁之材作为主要目标。立足于数字经济和流通业态融合等新产业人才需求,发挥专业群的群体效应,以专业为桥梁对接产业链和职业岗位群,建成覆盖电商全链条,具有"多科融合"特点的专业群。

(三)服务职业教育国际化和产业发展

遵循和平合作、开放包容、互学互鉴、互利共赢的丝路精神,学校积极参与广西职业教育"走出去",积极参与"桂企出海"活动,打造职业教育"留学广西"品牌;积极建设面向东盟的优质课程和教学资源,开展跨国远程教学和"中文+职业技能"项目培训;学校积极加强与东盟各国职业院校的合作办学,培养更多国际化职业教育人才。

三、项目过程

2020年9月,广西金融职业技术学院与广西启迪创新跨境电子商务有限公司共建跨境电子商务产业学院,充分发挥校企双方全方位合作的优势,深入开展了包括联合举办国际创新创业赛事、孵化跨境电商创新创业项目、引进产业导师入校、认证国际化课程、开发留学生电商课程、制订人才培养计划、举办学术讲座、引导学生实习与就业、与国外院校合作培养人才等方面的合作。

(一)校校合作,筑牢跨境电商人才培养基础

学校积极推进与海外高校特别是"一带一路"共建国家的高职院校合作,与泰国朱拉隆功大学、厦门大学马来西亚分校、马来西亚拉曼大学等海外院校建立电商人才培养合作项目,将先进的跨境电商人才培养经验向国外推广,同时吸引优秀的国外留学生到学校学习跨境电商。与相关海外院校建立职业教育创新合作平台,为广西金融职业技术学院与国外合作院校师生提供更多的交流和学习机会,切实推进中国与目标国家的国际人才交流合作,也为中国精品职业教育品牌的国际化发展打开新通路。

(二)校企合作,拓宽跨境电商人才培养渠道

通过校企合作实现优势互补,培养更多跨境电商国际人才,服务"一带一路"发展。与海内外高校、平台、企业等开展留学生招生宣传,招收国际留学生就读跨境电商等专业,校企双方通过建平台、促交流、创模式、强赛事,引入并融合职业教育国际标准,建设与国际接轨的教学管理体系和质量监控体系,形成具有广西金融职业技术学院特色的"中文+职业技能"来华留学生人才培养模式,深度打造校企合作培育国际学生的"大舞台",为"一带一路"共建国家培养"懂专业、通中文"的高层次复合型人才注入"新动力"。

（三）平台搭建，丰富跨境电商人才培养内涵

瞄准职业教育深度国际合作交流的需求，搭建国际化职业教育平台，积极推广"中文＋职业技能"、"跨境电商海外营销推广'1＋X'"等与跨境电商职业相关的技术认证标准。依托"一带一路"共建国家和地区相关政府机构或行业协会的官方国际认可标准，结合跨境电商专业课程核心要素对接国际优秀实践案例，开发跨境电子商务专业核心特色课程，鼓励外国职业院校学生参加"1＋X"证书考试，促进"1＋X"证书标准的海外推广，培育和聚集一批具有广阔国际化视野的跨境电商高技能应用型海外本土人才，打造中国职业教育迈向世界的广西金融职业技术学院范例，扩大学校跨境电商专业国际知名度和吸引力。

四、合作成效

（一）高质量职业教育标准建设能力进一步增强

目前广西金融职业技术学院与印度尼西亚、柬埔寨等国家的7个高校和教育机构共建"中国-东盟商科技术创新与职业教育合作中心""海外跨境职业培训中心""海外丝路金融学院"。有2个专业、11门课程、16名教师先后通过了SEAMEO TED国际官方认证，6门课程获得英国AIA国际会计师公会权威认证，6门国际慕课课程上线共享。2022年向东盟院校提供了"财务报表编制与分析""人工智能金融""Lazada官方跨境电商运营"等课程，金融科技应用专业标准和Lazada官方跨境电商运营课程获得东盟国际认证。在培养国际化人才方面，开设"AIA国际证照"10个班次，45人获得国际证照。开展面向东盟国家大学生的"云游"金院游学活动。积极推动职业培训国际模式，面向印度尼西亚高校举办电商领军人才培训4场，在线学习人数达1424人次；面向东盟开展课程"走出去"培训4场，在线学习人数达948人次(图16-2)；伴随桂企"出海"开展东盟专场培训10次，为行业、企业培训人才累计达5000人次(图16-1，图16-2，图16-3)。

图16-1 广西金融职业技术学院面向东盟开展课程"走出去"线上培训

图16-2 广西金融职业技术学院开展教师国际化专业建设与课程开发能力培训

图16-3 广西金融职业技术学院"中国-东盟商科技术创新与职业教育(印度尼西亚)合作中心电商领军人才培训"开班仪式

（二）学校师资队伍国际化水平进一步提升

广西金融职业技术学院牢牢把握"立德树人"总基调，秉持"引进优质教育资源，提高教育教学质量"的宗旨，坚持"走出去"与"引进来"相结合，推进师资队伍国际化能力建设，着力加快中青年人才队伍的国际化成长，努力打造优质教学资源蓄水池，助力学院开放办学。近5年来还引进了多名海归教师，为提升教师学历和拓宽教师国际视野，开启了"留学东盟"本硕博项目（图16-4）。

图16-4　广西金融职业技术学院"职业教育国际化专业建设培训班"开班合影

（三）学校国际国际化程度进一步提升

2022年，广西金融职业技术学院成功主办了中国-东盟大学生跨境电商创新创业大赛（图16-5）和第二届广西-台湾高校大学生创新创业大赛（图16-6）两大赛事，国内外职业院校积极参与其中，激起较大反响，充分展现了创建对外交流活动品牌，深化国际化人才培养，服务"一带一路"的成功实践，受到了自治区人民政府及海内外媒体平台的关注报道，逐步形成对外交流活动品牌。

图 16-5　中国-东盟大学生跨境电商创新创业大赛开幕式

图 16-6　第二届广西-台湾高校大学生创新创业大赛闭幕式线上线下合影

五、保障机制

(一)制度保障健全

基于校企校合作共赢长效机制,校企校合作成立了跨境电商产业学院管理委员会,联合制定了《产业学院、海外实训基地运作流程》《产业学院、海外实训基地教学管理规定》《产业学院、海外实训基地学生管理规定》《产业学院、海外实训基地线上教学规定》等制度,确保了海外办学规范运行。研究制定和修订了国际化办学制度,从招收国际学生管理办法、突发事件应急处置预案、教学管理、学生管理、外专外教聘用管理到因公出国(境)管理办法等共6项,完善了学校的教育国际化管理运行机制。

(二)经费保障充足

从建设服务经费中划拨专项经费用于海外留学生培训。产业学院与海外平台建设与运营在"双高"建设期纳入年度预算,确保资源建设、教师培训和设备更新。非双高建设期内校企校三方拨付国际交流专项资金用于产业学院与海外平台的建设与运行。

(三)师资保障有力

建立教师国际视野提升工程长效计划,为学校的国际化办学储备师资。通过顶层设计,建立梯队培养、认证、奖励机制,培养"双师双能双语"的"三轨"教师育人机制。一是深化人才发展体制机制改革,建立完善的人才激励机制。重点引进能够突破关键技术、带动新兴学科发展的领军人才、青年人才和科研团队,鼓励联合共建优势学科。二是突出平台建设,以重点产业、重大项目、重要课题为导向,创新引才引智机制,搭建创新创业平台,打造让各类人才大有作为的热土,大力吸引在RCEP成员国留学的优秀人才及高水平创新团队到校工作。三是深化人才评价改革,在人才评价上深入破"四唯",围绕构建以创新价值、能力、贡献为导向的人才评价体系,引导人才干实事、干成事。

六、总结反思

广西金融职业技术学院在创建"三维融合"育人新模式、培养跨境电商人才方面取得了一定成效,未来学校将以此为基础,查漏补缺、扬长避短,进一步提高工作水平,提升人才培养质量,更好地服务经济社会发展。

（一）加快完善校企协同利益共享机制

职业教育协同企业合作共建产业学院,学校关注的是学生培养质量与就业,从长远出发,注重长期的培养效果,而企业更加关注经济利益,期望短期内得到相应的回报。在发展理念、成本投入、利益分成等方面,校企双方会存在一些矛盾,在合作中,需要把合作中的双方的责任和义务进一步细化和明确,增加过程监督,建立长效机制,保持双方长远健康有序合作。

（二）加快提升产业学院师资队伍水平

目前产业学院对外教学的师资能力还需要进一步加强,海外开展职业教育对教师的专业能力、企业经验、英语水平均有较高的要求,在"中文＋职业技能"背景下,学校教师有语言能力,但是实践能力不足,企业教师有实践能力,但是语言表达能力和教学方法不足,锻炼一支实践能力强而且教学方法与表达能力强的师资队伍是"走出去"的最大支撑。今后学校将加大学校教师到合作企业一线挂职锻炼的力度,并配备相应的激励措施。

（三）加快推进产业学院绩效奖励落实

产业学院的建设在实际执行层面涉及校方或者系部主要负责人工作任务问题,在建设过程中往往由某个专业部的负责人承担,企业员工有公司相应激励机制,校方具体负责人还未有相应激励机制,个人绩效有待落实,今后将配套专人管理或给予兼顾工作的相关人员相应绩效奖励。

产教融合下的"中文+职业技能"留学生培养模式案例

——三亚航空旅游职业学院"一带一路"人才培养的探索

摘　要　三亚航空旅游职业学院(以下简称"三亚航院")依托办学优势和专业特色,主动对接"一带一路"倡议和海南自由贸易港建设方案,探索实践产教融合下的"中文+职业技能"来华留学生培养,创新构建高职层次来华留学生"双证书"培养模式,助力打造具有中国特色的职教留学品牌。三亚航院自招收来华留学生以来,成功开展了"中文+酒店服务技能""中文+空中乘务技能""汉语+学历提升"等来华留学项目,其中尼泊尔酒店人才班累计培养酒店管理"外国工匠"逾2000人次,俄语国家语言进修生、学历留学生累计100余名,由时任海南省省长证签的泰国空乘人才班项目30人。

三亚航院创新留学生培养培训机制,以中国标准培养"一带一路"旅游、酒店、民航国际化人才,搭建起21世纪海上丝绸之路的文化、教育交流平台,对扩大职业教育对外开放、服务"一带一路"和"构建人类命运共同体"倡议具有重要意义。

一、合作背景

三亚航空旅游职业学院主动寻找职业教育国际合作突破口,以航空、航海、酒店、俄语四类优势专业为依托,一方面基于"一带一路"共建国家紧缺岗位技术技能人才需求,建立针对性的专业人才培养方案,开发包含专业核心课程、汉语培训、文化体验等课程的双语教学资源库,通过分层分类教学强化留学生的专业能力、中文交流能力和对中国优秀传统文化的理解力;另一方面依托校企共建的实习实训基地,通过跟岗学习、顶岗实习等途径强化留学生实践教学,帮助留学生在实践过程中提升专业技术技能水平和综合职业素养,让留学生回国就业后成为国际社会上中国职教留学品牌的代言人(图17-1)。

图17-1　三亚航空旅游职业学院尼泊尔学生合影

二、工作目标

学校凭借海南三亚地缘优势,结合企业办学资源优势,依托"两航一游"专业优势,与尼泊尔、白俄罗斯、泰国等"一带一路"共建国家的高校开展对口合作,以技术技能人才培养培训为突破口,打通海南高职教育国际合作通道,持续探索符合市场需求和学校实际的国际化、开放式办学路径,助力海南国际教育创新岛和海南自贸港建设。

(一)校校企结合建设校本职教标准

以"一带一路"共建国家为重点,主动对接当地技术技能人才需求,寻找职业教育国际合作突破口。学校与外方高校、共建企业联合开展务实合作,打造具有国际口碑的专业课程标准和双语教学资源,助力"一带一路"共建国家培养国际化技术技能人才。

(二)行企校结合输出中国职教标准

学校积极拓展国际教育培训领域,创新留学生"双证书"培养模式(图17-2),引入行业认可、国际通用的职业资格证书或职业资格证明,逐步拓宽服务"一带一路"的领域,进一步提升来华留学职业教育在"一带一路"共建国家的办学水平。

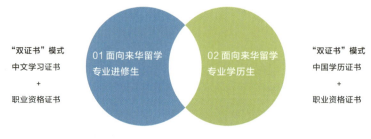

图 17-2 "双证书"培养模式

三、项目过程

（一）主动出击，寻找国际合作突破口

2013年，在国家"一带一路"倡议提出之际，三亚航空旅游职业学院赴尼泊尔、印度等南亚、东南亚国家的高等院校和旅游酒店行业调研考察，发现这些国家旅游酒店行业人才匮乏，高校在与中国开展留学生培养合作方面有强烈的意愿。同时，三亚旅游酒店资源丰富，企业对有较高英语水平和一定中文能力的国际酒店服务人才有较大的需求。这启发了学校发挥职业教育的特色优势，以产教融合、校企合作模式开展留学生教育培训。

经过努力，学校与尼泊尔加德满都国际旅游与酒店管理学院等高校达成合作，招收首批34名尼泊尔籍留学生来校学习。2014年，教育部推广"现代学徒制"人才培养模式，三亚航空旅游职业学院酒店管理专业入选教育部现代学徒制试点专业，同时也是海南省特色专业，与海南40余家高星级酒店签订了实训基地协议，并聘任酒店行家作为学院兼职教师和企业导师。三亚航空旅游职业学院创新将"学徒制"模式引入酒店管理专业尼泊尔籍留学生的培养方案中，把尼泊尔旅游产业发展对酒店人才的需求与学校学徒制试点专业建设、三亚高端酒店资源相结合，对尼泊尔籍留学生实施校企双元育人。尼泊尔酒店人才班主要采取与尼泊尔高校联合培养的方式，吸引在本国完成相关专业基础理论学习的尼泊尔高校在校生来海南进修，通过"职业汉语＋专业实践"学习，同时接受中国文化熏陶（开设中国传统文化、中国国情等课程），成长为能够从事高端酒店服务和管理的，有理论、能实践、会汉语的"外国工匠"。进修期满,学生在尼泊尔本校毕业的同时,还收获三亚航空旅游职业学院结业证书和国际品牌五星级酒店实习证明,回国后大都有了更好的职业发展。产教融合下"中文＋职业技能"留学生"双证书"人才培养模式初步成形(图17-3)。

图17-3　尼泊尔籍"双证书"培养学生在实训基地跟岗实践

(二)标准共建,提升海南职业教育国际办学水平

2015年至今,学校成功开展了每年两期的"中文＋酒店服务技能"留学生"双证书"教育项目、多期"中文＋技能＋学历提升"俄语留学生"双证书"培养项目和首期的"中文＋空中乘务技能"留学生"双证书"教育项目,并在此基础上受邀协办了三期国家商务部、海南省商务厅"一带一路"共建国家民航领域援外培训,专业课程校本标准和双语教学资源逐步完善。

俄语国家是"一带一路"共建重要国家,俄罗斯也是海南最大的旅游客源国之一。在此背景下,学校积极开展俄语国家交流合作,设计实践了"中文＋技能＋学历提升"留学生"双证书"培养模式。学校2017年与白俄罗斯国立大学合作成立了"白俄罗斯国立大学海南教育中心",2018年成功申请了国际汉语水平考试(HSK)考点(琼南唯一)。以此为平台,学校先后吸引来自俄罗斯、哈萨克斯坦、白俄罗斯、乌克兰等俄语国家进修留学生和学历提升留学生共计100余名(图17-4),分布于酒店、旅游、英语等各个专业。留学生在学习本专业的同时学习中文、茶艺等中国文化及航空服务、酒店管理等专业技能。学生毕业可获得HSK3级以上汉语等级证书及专业毕业证书。2019年2月,上海合作组织秘书长专程赴我校进行考察,对我校俄语专业及其国际交流合作成果进行了高度赞扬。

图17-4 俄语国家留学生合影

"中文+空乘技能"留学生教育项目是学校根据政府间协议,于2018年面向泰国开展的为期三个月的短期教育项目。留学生"双证书"空乘人才班首期面试选拔了30名来自泰国知名高校的优秀学生来海南进修,主修国际航空运输协会(IATA)乘务培训课程和职业汉语,定制机上安全教育等乘务专业课程,增设茶艺等中国传统文化特色课程。首期全体学员100%通过IATA考试并获相应证书,其中8名学生顺利通过海航控股泰籍乘务员面试,接到录用通知。2018年10月15日,《人民日报》第21版以"为一带一路建设输送复合型人才"为题进行了专题报道。海南日报社、中新网、人民网、海南电视台、三亚电视台、三亚日报社等国内外30余家媒体也进行了跟踪报道及转载(图17-5)。

图17-5 泰国籍"双证书"培养学生考取IATA证书及《人民日报》报道

2017年和2018年,学校两次受邀协办由国家商务部主办、海南省商务厅承办的"一带一路"共建国家航空安保危机管理培训班,来自斯里兰卡、阿富汗、南苏丹、白俄罗斯、多哥、马来西亚、苏丹、索马里、坦桑尼亚、乌干达、毛里求斯、密克罗尼西亚和巴拿马等"一带一路"共建国家的百余名学员先后来校学习、培训。2022年,学校再次受邀协办"一带一路"共建国家民航空中乘务研修班,来自肯尼亚、蒙古国、尼日利亚、斯里兰卡4个"一带一路"共建国家的26名民航从业人员参加了为期21天的线上研修班(图17-6)。学校以中国民航局民航安全员、乘务员、安检员等国家职业资格鉴定标准为依据设计培训课程,培训效果得到参训学员和主办方的认可,为增进与"一带一路"共建国家民航领域交流,分享中国民航经验,传播中国民航精神和文化做出重要贡献。

图17-6 "一带一路"共建国家民航空中乘务线上研修班

(三)拓宽领域,擦亮留学中国自贸港职教品牌

2018年底,学校经调研,了解到国际邮轮公司对英语口语好、服务意识强的人才需求量非常大,中国籍符合条件又愿意长期在邮轮工作的人才供给严重不足,而部分"一带一路"共建国家来华留学生恰好符合这些要求。但当时我国船员培训与发证业务尚未向外籍人员开放,相关培训业务流失至印度、菲律宾、新加坡等国。

2020年以来,学校协助海南海事局推进在海南自贸港试点开展外籍人员船员培训和发证业务,参加联合工作组、起草相关实施方案。2021年10月,海南发布《外国籍人员参加海南自由贸易港船员培训、考试和申请船员证书管理办法》,成为国内首个允许外国籍人员参加中国船员培训考试并发证的制度文件,实现了外国籍人员在船员领域准入零的突破,是海南自由贸易港海员管理制度集成创新的重大突破。2022年,学校继续积极推进外籍人员在琼参加船员培训业务,开展了相关双语培训课程的认证工作,并于2022年11月取得了海南海事局加盖公章认证的"课程确认证明",下一步计划在海南海事局的业务指导下加快推动国内首期外籍人员船员培训班开班,开展"中文+邮轮乘务技能""中文+海船船员技能"留学生"双证书"教育项目,建设海南自贸港外籍人员船员培训基地,促进中国自贸港航运发展及国际化技术技能人才培养。产教融合下"中文+职业技能"留学生"双证书"人才培养领域将进一步扩大。

四、项目成效

学校依托办学优势和专业特色,将"一带一路"共建国家的产业发展、人才需求和学校专业建设、海南自贸港区位优势相结合,开展"双证书"留学生教育,其中尼泊尔酒店人才班8年间累计培养酒店管理"外国工匠"逾2000人次,受到尼泊尔驻广州代总领事的高度评价和肯定;俄语国家留学生培养规模不断扩大,俄罗斯最大的中文报纸《俄罗斯龙报》专门对我校留学生培养特色进行了报道,为中俄两国的交流搭建了国际平台;泰国空乘人才班创新航空服务国际人才培养机制,以中国标准培养"一带一路"民航人才,搭建起21世纪海上丝绸之路的文化、教育交流平台。项目是落实"一带一路"倡议、扩大职业教育对外开放、践行海南国际教育创新岛建设的有效探索和实践。

五、总结反思

(一)优化培养方案,注重文化传播

不断优化来华留学生专业人才培养方案,科学确定"理论与实践""专业技能与语言文化"等课程的结构比例,积极建设双语教学资源和线上教学平台,合理制订留学生学习评价模式,提高留学生培养质量。来华留学

教育是加强国际友好合作、传播中国文化、唱响中国声音的重要途径,因此在留学生教育中要特别注重中国文化课程、中文语言课程和中国文化体验活动的设计开发。

(二)坚持产教融合、校企合作

职业院校留学生教育也要坚持产教融合、校企合作,紧密结合生源国家紧缺岗位的技术技能人才需求和国内企业"走出去"步伐,联合需求企业合作培养人才。依托校企共建实训基地,通过理论、实践相结合的模式,强化留学生实践教学,通过企业实景技能训练和岗位实习,帮助留学生在实践过程中提升专业技术技能水平和综合职业素养。

(三)加强中国标准建设

在本项目中,留学生所取得的国际酒店实习证书、HSK 证书等相关证书得到所在国家的高度认可,大大提高了留学生回国就业竞争力。因此建议,在与国际通用的职业资格证书或国际认可的职业资格证明接轨的基础上,加大中国特色职业教育国际专业标准体系建设,扩大中国标准在"一带一路"共建国家的应用性和认可度,打造中国职教国际教育品牌。

四个引领,打造中俄地方人文交流创新典范

摘　要　海南经贸职业技术学院(以下简称海经贸)抢抓职教改革机遇,主动承担国家任务,与俄罗斯乌拉尔联邦大学(图 18-1)合作共建海南省唯一的专科层次中外合作办学机构——乌拉尔学院,积极服务"一带一路"倡议及海南自贸港建设等。学校充分利用政策优势、资源优势、发展机遇、中俄友好关系,将乌拉尔学院建成海南国际教育创新岛生动范例、领先标杆和中俄人文交流重要基地,打造中俄地方合作交流新亮点,为中国高职教育中外合作办学探寻海南自贸港"方向标",提供"海经贸方案"。学校与 31 个国家(地区)44 所院校开展国际合作交流,是中国特色高水平高职学校、全国高职高专院校竞争力百强学校、全国高职院校创新创业工作先进单位、全国职业教育先进集体,乌拉尔学院被评为全国高职中外合作办学创新典型案例、海南省教育系统基层组织党建工作创新案例。

图 18-1　乌拉尔联邦大学

一、合作背景

2020 年 10 月,海南省政府为了建设国际教育创新岛,打造新时代中

国教育开放发展新标杆,服务海南自贸港建设,特别支持和批准海南唯一的中国特色高水平高职学校——海经贸与俄罗斯名校乌拉尔联邦大学合作共建乌拉尔学院,为海南自贸港培养国际化人才,支持产业升级改造,服务国家重大战略部署。

(一)适应国家扩大对外开放交流的新形势

2019年,在中俄建交70周年之际,习近平主席和普京总统共同确定2019年是中俄地方合作交流年,此举为中俄地方全方位合作带来重要的历史机遇。深挖地方互补优势,突出地方特色,精准交流对接,以人文交流等领域合作为重点,加强务实合作,共同打造中俄地方合作新亮点势在必行。乌拉尔学院建设顺势而上,紧紧抓住这一历史机遇,建成中俄地方教育合作、人文交流的特色典范。

(二)助力海南自贸港建设的新部署

俄罗斯是海南最重要的旅游客源国,海南建设自贸港需要包括俄罗斯在内的国际教育机构和国际组织、跨国企业参与,共享海南全面深化改革开放的新机遇。在此背景下,作为承担人才培养重任的高校,应当积极主动与俄罗斯教育机构深入开展合作交流,服务海南产业国际化发展,服务中俄伙伴关系,共同打造中俄地方层面务实合作的新亮点。

(三)满足中国特色高水平高职学校的新需求

2019年12月,海经贸被教育部和财政部列为中国特色高水平高职学校建设学校之一。海经贸在"双高计划"建设方案当中提出打造国际教育创新岛生动范例,扩大对外合作交流特别是"一带一路"共建国家和地区。建设乌拉尔学院,对"双高"建设和推动海南省高职院校国际化办学都具有重大意义。

二、工作目标

学校聚焦海南自贸港建设,海南主导产业人才需求,面向"一带一路"

倡议,形成具有海南自贸港特色的、国际可交流的、系统的、成熟的高职中外合作办学建设模式、发展制度和标准体系,为中国特色高水平高职学校的国际合作办学提供新思路、新模式、新样本。

(一)建成海南自贸港建设智库

得益于中俄的友好关系和海经贸得天独厚的地理优势,俄罗斯与海南的人员往来、合作交流极为频繁。但熟悉俄罗斯文化、俄语的人才却极为匮乏,乌拉尔学院的成立为双方合作交流提供极其重要的平台与资源,学校大力支持乌拉尔学院成为中俄地方教育合作、人文交流的特色典范,成为海南自贸港建设国际合作重要智库之一。

(二)打造海南国际化人才基地

利用学校"双高"建设人才培养高地的平台和国际化建设的优势,有针对性地培养服务于海南与俄罗斯合作产业、人员往来、人文交流等方面需要的国际化人才,为海南企业走向俄罗斯提供高素质且具有国际视野的高端技术技能人才。

(三)争当中国职教改革先行者

以"世界眼光、国际标准、海南特色"在职教改革中"先行先试、大胆探索",全面推进产教深度融合,助推海南旅游业、现代服务业和高新技术产业提质升级,打造经贸风格、中国特色、世界水平的高职教育新标杆,争当中国职教改革先行者。

三、具体做法

(一)以文化引领保障人才培养立德主线

一是传播传统文化。通过开展讲座、竞赛、第二课堂等方式,在学生当中传播和弘扬传统文化(图18-2)。二是传承地方文化。依托旅游管理专业优势,组织学生收集和整理海南地方文化、地方习俗和重要人文历史资料,并译成俄文、英文视频,充分利用各类网络平台进行宣传,让学生成为讲好海南故事的践行者和先行人。2022年12月,海口市龙华区政府和海口骑楼老街投资开发有限公司委托乌拉尔学院师生成立骑楼街区研究课题组,并给予34万元经费开展骑楼街区——海口市水巷口历史文化街区研究,完成后将推出俄语、英语等外语版成果文件,为海口历史文化街区保护建设和商业开发提供智力支持。三是传授国际文化。利用各类网络平台加强对学生的国际社交礼仪、职场规则、国际企业文化培养,特别是俄罗斯文化。在学生干部培养过程中,将国际企业管理文化、管理规则、管理制度融入其中,按照国际"职业人"的标准来培养学生,提升其国际化和社会化水平。

图18-2 俄罗斯友人学习中国非遗文化

(二)以创新引领保障人才培养质量要求

乌拉尔学院办学过程中坚持人才培养改革创新,联合俄罗斯乌拉尔联邦大学雄厚的师资力量和教育资源,大力实施"三化"培育海南自贸港脊梁人才模式,即流程化设计、个性化培养、指标化评价。这种人才培养模式主要是基于以学生为本,尊重个性、激发潜能、因材施教的育人理念,通过构建设计合理、内容科学、操作简易,尊重学生成长发展规律,具有可借鉴、可复制、可推广的人才培养模式,实现人人可成才、行行出状元。"三化"培育海南自贸港脊梁人才模式的构建与实施,使学院在专业技能、创新创业、社会实践、学生工作等方面的脊梁人才呈现出百花齐放、百鸟争鸣的景象,斩获诸多省级以上荣誉,人才培养工作成效显著、影响极大,形成了一套人才培养制度集成创新。同时注重与专业相关的海发控、华为海南分公司等著名企业合作培养技能精湛、外语精通的国际化技能型人才,服务海南自贸港建设。

(三)以国际合作引领保障人才培养高端层次

一是引进国际优质教学资源。双方在合作协议中规定,俄罗斯乌拉尔联邦大学在线教学资源对乌拉尔学院开放,免费提供给学生学习。二是引进先进教育理念。在人才培养过程中,俄罗斯乌拉尔联邦大学将其先进的教学经验和人才培养经验向乌拉尔学院传授,并不断总结提升。三是打造国际教育第二课堂。依托俄语外教,以第二课堂为抓手,设计系列国际文化节学生活动,开拓学生国际视野。四是挑选名师授课。俄罗斯乌拉尔联邦大学承担30%的课程教学,每门课程均挑选资深的专家教授授课。五是打造优秀俄语教学团队。目前,乌拉尔学院共有在校生300多人,俄语教师15名,其中俄语外教7名。

四、合作成效

(一)立德树人效果明显,德育工作由"低效"变"高质"

立德树人是教育的根本。乌拉尔学院以文化引领为抓手,做足"三种文化"文章,即传播传统文化、传承地方文化、传授国际文化,促进了学生文化知识学习与思想品德修养的统一、理论学习与社会实践的统一、全面发展与个性发展的统一,达到了德育、智育、体育、美育效果有机融合,也着力培养了学生的社会责任感、创新精神和实践能力。目前,学院第一届毕业生当中有64名学生在2023年2月底到俄罗斯乌拉尔联邦大学继续深造,攻读本科学位。俄方对64名学生的综合素质、文化素养和培养质量均十分满意。

(二)人才培养卓有成效,学生成才由"单一"变"多元"

实施"三化"培养脊梁人才模式后,因材施教、人人成才、行行出状元成效显著，获得诸多标志性成果。2021年，乌拉尔学院培养出1名海南省自强之星，学生在各类技能大赛和创新创业大赛中获得省级以上奖项10余项，如KAB微创业华南赛区银奖、铜奖，"挑战杯"三等奖，青少年模拟提案优秀提案奖，全国俄语书法大赛二等奖等。2022年，学校学生在第八届中国国际"互联网＋"大学生创新创业大赛国赛上获一银一铜（图18-3）、省赛获一金一银，中美创客大赛省赛获一等奖、国赛获优秀奖，"挑战杯"中国大学生创业计划竞赛省赛获三等奖。同时学校学生们在各类专业技能比赛中也成绩斐然，获得海南省职业院校技能大赛俄语口语银奖、海南省"学宪法 讲宪法"演讲比赛优秀奖、全国大学生海南自贸港旅游创新大赛优胜奖、全国俄语书写大赛优秀奖、全国学术英语词汇竞赛优胜奖等。

图18-3 乌拉尔学院学生在第八届中国国际"互联网＋"
大学生创新创业大赛国赛上获得银奖

（三）人才培养质量增强，人才层次由"低端"变"高端"

职业教育人才培养的基本定位一般是培养一线管理和生产技能型人才。如何将职业教育人才培养层次从"低端"转变为"高端"？海经贸用与俄罗斯乌拉尔联邦大学合作共建国际合作办学机构的方式来解决这个问题，集中配置优质的师资，共同制订人才培养方案，解决专业技能、俄语学习等问题，实现名师出高徒，把职业教育人才培养层次从"低端"转变为"高端"。

五、总结与思考

三个引领打造中俄地方人文交流创新典范,是一个有机协调的国际合作办学模式和国际化人才培养体系。

(一)文化传承是人才培养的永恒主题

传道授业解惑是教育的使命,首先传道,其次授业,最后解惑。传道主要就是文化传承,因此,以文化为引领是保障人才培养的立德主线,重点解决了职业教育重技能培养,轻人文素养培育的问题,把德育渗透于教育教学的各个环节,特别是以传播传统文化、传承地方文化、传授国际文化这三种方式增强德育工作的针对性和实效性。

(二)改革创新是人才培养的质量追求

以创新为引领是保障人才培养的质量要求,乌拉尔学院充分利用中外合作办学优势,实施的"三化"培育海南自贸港脊梁人才模式充分体现了因材施材的育人理念,激发学生根据自身优势和主要特长,在不同领域争创标志性成果,让每位学生都可以成才出彩。

(三)国际合作是人才培养的层次提升

以国际合作为引领是保障人才培养的高端层次,国际合作的重点是引进先进的国际办学理念、优质的教育资源及优秀的师资力量,整体提升人才培养质量和层次,为地方经济社会服务。

作为海南首家专科层次的中外合作办学机构,乌拉尔学院的成功举办以及取得的显著成效,开拓了海南国际合作办学的新局面,其以三个引领打造的中俄地方人文交流创新典范模式也为全国高职院校国际合作办学在模式创新上提供了海南自贸港"智慧"和海经贸"样板"。

中国信息技术的传播者

——重庆电子工程职业学院"中国-老挝新一代信息技术中文工坊"助力中国信息产业"走出去"纪实

摘　要　重庆电子工程职业学院主动承担服务中国信息产业"走出去"的任务,通过构建"中国-老挝新一代信息技术中文工坊",建设"中文＋职业技能"课程资源,创新形成"课程引领,长短期培训结合"的中华技能对外输出模式,打造中国高职"中文＋职业技能"重电方案,在以老挝为代表的"一带一路"国家分享国际化专业标准、课程标准,以及精品课程,为老挝培养本土化 IT 人才 300 多人,擦亮了海外办学"重电品牌",学校国家级"中文＋职业技能"项目 3 次立项,省部级"中文＋职业技能"项目 1 次立项,取得了良好的建设成效。

近年来,中国新一代信息技术尤其是人工智能、大数据、移动互联网,以及信息安全领域,均取得了举世瞩目的成绩。截至 2022 年底,我国已经成为全球移动支付最大市场,软件产业、AI 与大数据产业、信息安全产业均跃居世界前列。中国信息产业"走出去"的企业先后在"一带一路"共建国家布局各种项目与工程,为中华新一代信息技术对外传播,为促进"一带一路"共建国家信息产业建设做出了卓越贡献。

一、合作背景

在"一带一路"倡议及中老铁路全线通车的背景下,中国、老挝两国合作发展迎来新的历史机遇,两国开展职业教育国际交流合作具有坚实的政策基础和广阔的发展前景。2021 年 10 月,老挝驻华大使坎葆·恩塔万一行 5 人赴重庆电子工程职业学院考察调研学校"中文＋职业技能"项目工作情况(图 19-1);2022 年 5 月,教育部中国教育国际交流协会课题"中老人工智能与大数据人才培养项目"成功立项,开展了一系列留学生人才培养工作;2022年6月,重庆市教委市长奖学金项目——"中老新一代信息技术中高级管理人才研修班"成功立项,为驻老挝的中老合资企业中高级管理人才提供技术技能培训;2022年9月,学校招收了来自老挝的22名留学生。2022年12月,学校与老挝信息与通信部下属智能技术研究院签署合作协议,开展了一系列联合科研工作。

图19-1　老挝驻华大使坎葆·恩塔万来我校调研考察

2022年12月10日—12日,受教育部中外人文交流中心委托,中文工坊承办了面向全国的中国高校人工智能国际化人才培养教学研讨班,全球多个院校开展了人工智能线上培训;2022年12月17日,中文工坊成员受邀参加教育部中外语言交流合作中心主办、北京语言大学出版社承办的"职业中文教育专业建设与教学工作坊"第34场系列讲座,做了主题为"中文+职业技能提升人工智能专业发展水平"的报告,并与来自首都师范大学、东华理工大学孔子学院、阿联酋教育部中文教育顾问团等单位的专家共同研讨中文工坊建设。

二、工作目标

学校聚焦中国信息产业职业教育标准共享,面向"一带一路"建设培养掌握中国新一代信息技术的本土化技术技能人才,服务中国信息产业"走出去",不断提升学校国际化水平。

（一）做中国新一代信息技术的传播者

以服务中国新一代信息技术"走出去"，解决老挝境内中资企业和中老合资企业运营期间本土化技术技能人才匮乏为目标，学校与中国信息产业"走出去"企业、外方高校与企业共建重电"中国-老挝新一代信息技术中文工坊"，传播中国新一代信息技术，为以老挝为代表的"一带一路"共建国家培养高素质信息产业技术技能人才。

（二）做中国职教国际元素打造的播种人

"中老新一代信息技术中文工坊"围绕新一代信息技术领域的对外共享，与走出去中资企业、老挝友好高校合作，以"中文＋职业技能"为抓手，开展国际化人才培养，在助力中资企业技能人才培养的同时，不断优化"中文＋职业技能"课程资源和师资力量，更好地向海外合资企业、外资企业、合作高校，以及广大海外技能人才呈现重庆电子工程职业学院的国际化特色和亮点。

（三）做中老传统友谊的友好使者

通过建设中文工坊，规模化、质量化引入短期和长期留学生，培养大批知华、亲华、友华人士。通过各种方式的"中文＋职业技能"研修和培训，共享中华技能标准；与"走出去"的企业共建共享，切实伴随产业，持续服务产业，为中国企业解决人力资源本地化难题，服务"一带一路"建设，共促人文交流建设。

三、具体做法

（一）以"中文＋职业技能"为抓手，走出去打造我校技能共享高端品牌

2022年，我校成功立项3项国家级"中文＋职业技能"项目，1项重庆市"中文＋职业技能"重点项目。其中大部分已经完成实施工作。先后与

老挝学生完成交换生20名,成功挂牌丝路学院;在教育部的支持下,组织来自全球多所院校开展了人工智能国际论坛,取得了良好的效果。

同时,与国内顶尖信息技术企业合作,加强国际交流、共建专业,实现课程、实训基地等资源共享,建立师生交流、学分互认等合作关系。进一步创新和完善评价机制,推动课程与专业标准国际化,构建以"中文+技术技能"的人才培养机制,利用信息安全与管理、人工智能应用技术专业课程教学体系,打造职业教育国际标准。

(二)精心打造新一代信息技术领域中华技能元素

通过线上+线下双环境、中文+技术双文化、语言+技能双课程、校内+企业双阶段的培养导向,形成理论教学与社会实践相融合,文化共享与技术培养相融合,教学资源与办学目标相融合,人才培养与行业需求相融合。通过以3门核心技能课,以及1门与中华优秀互联网成功经验为核心的中华文化课为依托,持续对外分享中华文化及中华技能。

2021—2022年间,学校成功立项1项国家级在线开放课程,3项省部级在线开放课程。开工建设2门双语课程,有效夯实了对外培训技能资源。为高水平高标准分享中华技能元素,奠定了良好基础。同时开工建设了3间高标准教室,为来华留学生及来华短期交流培训学员提供了良好的培训条件(图19-2)。

图19-2 高标准"中文+职业技能"培训教室

(三)以留学生培养为抓手,实现友好使者"引进来"培育目标

以老挝为代表的东南亚"一带一路"共建国家来华留学生校友是我校

的宝贵资源和财富。2019年以来,我校积极发展新一代信息技术领域来华留学教育,为老挝等东南亚诸国培养输送了大量人才,也向它们播撒了友谊的种子。来华留学生校友积极发挥专业特长,热情传播中华文明,努力架设友谊桥梁,成为中外交流的纽带和重要使者。

参与招生的专业包括信息安全与管理、人工智能应用技术等新一代信息技术领域优势专业。通过与国内相关领域顶级企业联合打造校企命运共同体,加快完善现代学徒制基础上的"双向融合"培养模式,结合技术技能人才本土化的实际,加快"丝路工坊"建设工作,形成可复制的国际合作办学模式,实现"走出去"的宣传推广目标。2019—2022年间,共计招收三批次老挝留学生近百人(图19-3和图19-4)。

图19-3　老挝留学生开展座谈

图19-4　老挝留学生上课

四、合作成效

一年来,中国和老挝在职业教育领域的交流合作不断深入,合作规模、质量与效益不断提升,取得了一系列丰硕成果。

学院全年获批了三项国家级"中文＋职业技能"项目,1 项重庆市"中文＋职业技能"重点项目。同时,我院招收了 22 名老挝籍信息安全专业留学生,通过校内优质的中文＋职业技能资源展开留学生教育教学。建设双语课程 2 门,服务留学生和海外"中文＋职业技能"培训 400 多人次;教师赴海外留学超过 15 人次,参与或主持多场科学技术讲座。筹建海外师资培训研修基地 1 个;开发境外认可的专业教学标准 1 项,双语课程标准 5 项。

老挝留学生回国后,其工作能力得到了用人单位一致好评。2020 年老挝学生刀阿秀所在团队获得全国移动互联创新大赛高校组(西南赛区)决赛金奖,同年,老挝学生沙晚同参加了"成渝双城经济圈"外国留学生创新创业大赛、"讲好中国故事"创意传播大赛等活动,并在老、中经贸促进会上承担老挝方主要领导的翻译工作。留学生通过参加丰富的实践活动取得了长足的进步。2021 年 7 月,2018 级老挝籍留学生全部顺利毕业,根据老挝琅南塔省教育体育厅消息,第一届老挝籍留学生中有 13 人考入本科院校,占琅南塔省 2021 年留学生专升本录取人数的 46%,老挝琅南塔省教育体育厅对我校表达了诚挚的谢意,并对后续的合作办学充满期待。

五、总结与思考

通过 2022 年全年的交流互动,学校在老挝驻华使馆、老挝邮电通信部、老挝教育部的穿针引线下,与驻老挝多家中资企业、中老合资企业、老方职业院校等在新一代信息技术领域建立了良好合作关系,建成重电驻老挝人工智能与大数据分院。

下一步学校将继续加大对老挝职业教育的支持力度,深化双边合作,促进人员交流。为进一步深化中老教育合作,共同制订中老政企校全方位深度融合的教育人才培养方案及培训课程计划,双方就共同建设"一带一路"职教共同体、中老职业教育培训基地等展开进一步合作。

校企合作新典范

——重庆工业职业技术学院沙特阿拉伯海外人才培养项目纪实

摘　要　在坚持和扩大教育对外开放政策及"一带一路"倡议引领下,中国职业教育"走出去"呈现蓬勃发展之势。重庆工业职业技术学院联合相关企业构建协同办学长效机制,通过功能耦合、资源融合、利益共享,创新合作模式,打造校企合作新典范,为服务企业"走出去"提供动力和保障,成为拓宽职业教育对外开放渠道、提升对外合作水平的重要抓手,更是推动构建人类命运共同体的有效尝试。

一、合作背景

"一带一路""西部陆海新通道"国家规划的实施,推进了中国与"一带一路"共建国家及世界各国的交流、往来与合作。随着设施联通的推进,中国将发挥在基础设施及相关领域的技术、人才优势,与相关国家合作共同进行基础设施的规划与建设;大量的中国企业将"走出去"开展国际项目合作,这就需要培养大量能够满足国际化需求的工程技术人才、管理人才、经济贸易人才和教育服务人才。同时"一带一路"倡议提出以来,国家相关部委相继出台了支持职业教育国际化发展的政策。自国家"双高计划"实施以来,很多职业院校将国际合作纳入建设任务,职业教育国际化步入了新的发展轨道。

重庆工业职业技术学院是国家"双高计划"高水平学校建设单位(B档)、首批 28 所示范性高职院校。学校坚持国际化办学理念,开展国际合作交流历史悠久,成效显著,是陆海新通道职业教育国际合作联盟和重庆高职教育国际合作联盟理事长单位、重庆高校国际交流合作示范校,荣获全国职业院校"国际影响力 50 强"称号。近年来学校积极服务"一带一路"建设,立足与相关企业构建协同办学长效机制,统筹好国内国际资源,拓宽职业教育对外开放渠道、提升对外合作水平。中国职业教育"走出去",不仅是我国经济社会不断发展、国力不断增强的客观需要,更是职业教育自身发展的现实需要。

二、工作目标

立足学校装备制造业特色,服务企业"走出去"。坚持深化产教融合、校企合作,与重庆长安汽车国际销售有限公司(以下简称"长安国际")通过功能耦合、资源融合、利益共享的创新合作模式,助力"一带一路"建设和国际产能合作,培养国际化技术技能人才,成为国际事务的参与者、国际标准的建设者、国际资源的提供者和中国企业国际化的协同者,打造中国职教国际品牌。

三、具体做法

通过校企共建平台、共同开发课程、打造双师队伍,线上线下相结合实施"中文＋技能培训",切实为对外开放办学提供了强有力的支撑,为中国"走出去"企业提供有效技术服务。特别是通过在沙特阿拉伯校企共同开展的海外人才培养项目,从平台、团队、体制机制等方面形成良性发展模式,发挥良好的"桥头堡"作用。

(一)校企合作共建"双平台"

校企合作平台是关键。基于此,学校与长安国际按照国内外一体化建设思路,先后校内合作共建"长安汽车全球培训中心"(图20-1),在沙特阿拉伯建成"长安沙特阿拉伯海外人才培养基地",实现"双平台"同步运行,实现培训"走出去"和"引进来"同步进行。

"长安汽车全球培训中心"平台始建于2016年,位于学校车辆工程实训基地,占地1000余平方米,可以开展长安海外销售全车型的售后技术培训,是长安国际在国内唯一面向海外人才的培训中心。目前已累计对长安海外经销商提供线下技术培训近20期,150人次。中心致力于教学实训基地和企业培训基地功能融合,将企业技术资料、设施设备和案例全面融入学校实训条件建设、基地内涵建设,利用基地条件开展海外员工来华的学历教育和技术培训。

"沙特阿拉伯海外人才培养基地"平台始建于 2019 年,建在沙特阿拉伯达曼。基地主要用于培养长安汽车海外地区经销商的技术人员,由学校教师和长安汽车技术人员面向品牌经销商并给海外当地人员提供继续教育服务,培训近 1000 人/日。

图 20-1　长安汽车全球培训中心

(二)标准引领开发"双语课"

标准引领双语是纽带。学校与长安国际联合开展针对沙特阿拉伯海外人才培养项目的汉语和沙特阿拉伯语的"双语课",形成语言互通和课程互通的"双互通"机制,使职业教育与民族品牌汽车通过双语同步产出、同频共振成为现实。

学校在对长安汽车国际市场的人才需求、市场反应、新产品技术特点等企业机密信息进行分析后,双方基于长安汽车售后服务体系特点开发了四层次《CIC 技术培训认证体系标准》(图 20-2),L1—L4 级认证标准分别对应初级工、中级工、高级工、技术主管岗位,确保海外员工认证有据可依。以《CIC 技术培训认证体系标准》为引领,开发"发动机管理系统基础""双离合变速器维修""电气系统维修""长安汽车维护""制动系统维修"等 10 门双语课程,并配套双语培训教材。同时还开发了 3 套维修手册、"汽车底盘电控系统维修""发动机管理系统诊断与维修"2 门在线双语课程、4 本英语培训材料,并将资源上传到超星课程平台,实现了课程资源国内外共享,并针对中东地区主流车型、客户驾驶习惯和企业布局,与企业共同开发了自动变速器专项技术培训、CS95DVD人机交互系统故障处理专项培训等个性化培训项目。

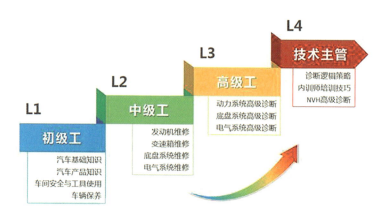

图 20-2 四层次技术培训认证体系标准

(三)名师大师深度参与实现"双支撑"

名师大师支撑是核心。以服务海内外产业为目标,强化产教深度合作,学校以"名师引领+骨干派驻"的方式(图 20-3),组建海内外专业培训师资"智囊"团,为沙特阿拉伯海外人才培养项目提供智力支持。

在校内组建了拥有五年以上企业工作经历且具有海外学习、工作经历,双语授课能力较强的优质教师团队,组建以国家级教学名师李雷、赵计平,以及世界技能大赛汽车技术项目中国技术指导专家为核心的教师团队,其中50%以上的企业教师具备专业技术技能和行业经验,能够高质量完成培训教学,为项目提供智力支撑。

围绕"取经企业学一手,服务企业露一手",严格选派专业骨干教师参与国际品牌汽车企业培训,获得企业技能认证证书,提升国际培训教学能力;积极组建省级科技研发创新团队,承担企业横向项目和高级别纵向项目,产生一批标志性成果,为课程内容奠定知识基础,为项目提供技术支撑。

名师深度参与为沙特阿拉伯海外人才培养基地项目提供人才保障,形成服务中国和沙特阿拉伯的智力和技术"双支撑",为项目的可持续开展和学校的对外开放办学提供保障。

图 20-3 "名师引领＋骨干派驻"现场教学

(四)线上线下运行"双结合"

线上线下结合是保障。学校积极搭建"互联网＋"智慧平台,实施"线上＋线下"的混合式培训模式(图 20-4),打破传统的地域限制,使沙特阿拉伯海外人才培养基地项目在疫情背景下能够持续发挥功能。教师线上直播讲理论,企业技师在海外人才培养基地线下开展实操,建立教学资源库上传系统。海外学院实行线上学习,线上开展技术答疑。为辅助"双师"进行线上线下融合教学的设计,聚焦"学生与教师、学生与学生、学生与内容"三种主要交互形式,制作涵盖 10 门双语课程的线上和线下培训教学设计单,以教学设计单作为培训教学设计支架,并在每门课程设计各类形式多样的线上活动。

为落实沙特阿拉伯海外人才培养基地的可持续发展,学校、长安汽车集团及海外地区共同制定定期会晤制度,商讨解决海外人才培养基地在实际运行中存在的困难,为海外人才培养基地的持续建设注入新动能,展示了学校坚定不移开放办学的信心和决心,搭建了加强国际交流、获取新订单、拓展新市场的平台,为服务对外开放贡献了职教力量。

图 20-4　海外经销商开展"线上+线下"培训

（五）多元评价颁发"双证书"

多元评价证书是条件。为确保沙特阿拉伯海外人才培养项目的质量，学校采用多方渠道多元评价的方式进行考核，以"技能证书+结业证书"为条件，作为项目的认可机制，提升海外国家对中国职业教育的认可度。

重庆工业职业技术学院海外人才培养基地将教育与培训有机融合，根据人才培养目标、课程设计、课程内容、课程资源开发利用等进行定量和定性评价，主要由国内学校专业教师和企业技师、海外技术专家三方作为评价主体，通过师评、学员自评及学员互评的方式，对学员进行全方位、多举措的考核认证。

以"双证书"为国内外培养汽车产业高质量人才和中国文明传承创新的"跨文化"使者，助力中国汽车"走出去"，提高中国汽车在海外的竞争力，搭建国际合作发展新平台。

四、合作成效

该项目实现了职业教育与支柱特色企业的深度融合，培养了服务区域发展的海内外技术技能人才，架起了沟通海内外人文交流和技术技能走出国门的桥梁。通过搭建国际化产教融合平台，参与国际产能合作，切实为共建"一带一路"国家和"走出去"企业培养知晓现代生产技术且具有职业素养的国际化技术技能人才。项目实施至今已开发专业标准、培训标准 3 套，境外企业人员培训 1950 人日，技术支持 500 余台次，企业初级技术认证课程 4 门，在线认证员工 200 余名，直播授课 21 次，授课 800 多课时，解决疑难故障100余起，为企业节省资金200多万元。"双平台"更是成为长安汽车技术标准"走出去"中转站、中国学生的海内外实践基地，以及长安汽车全球售后服务技术技能的"孵化基地"。"双语课"开发大幅度提升了长安汽车技术服务水平和海外人才培养质量，为中国特色汽车产业的海内外品牌推广和形象树立提供了支撑。同时校企协同探索开发国际通用专业标准和课程体系，拓展标准化职教国际化发展路径，进而提升中国职业教育的国际影响力，提高对外开放水平。

五、保障机制

（一）加强组织领导，完善相关制度

学校成立专项工作组，定期召开工作会议，及时研究解决项目工作中的重大问题，总结评估项目绩效成果。同时完善相关管理制度，制订或修订一系列教师外派待遇实施细则等相关工作管理制度、发展规划等，特别是不断完善学校国际合作交流考核评价及绩效奖励机制，不断规范国际合作交流工作流程，形成全校参与、良性互动的良好局面，以长效合作机制保障校企双方的有机联动。

（二）配置必要资源，搭建多元平台

多渠道争取和筹措各级各类经费，合理预算必要的项目专项资金，定期审核资金使用情况，提高资金使用效益。同时充分发挥学校相关优势，通过搭建教育资源共享、国际产教融合、技术人才培养培训、人文交流、国际科研合作综合平台，充分挖掘政企校合作内生动力。

（三）做好风险评估，打造品牌典范

做好项目实施前的调研论证、实施中的过程控制和实施后的评估反馈，建立必要的风险预警机制、紧急事件防控处置方案等，最大化降低风险损失和负面影响。以建设海外人才培养基地为契机，立足产业特色，实现学校、企业互联互通，人才、商业、文化互联互通，最终形成集学历教育、技

能培训、人文交流、汉语推广、文化研究于一体的中国职教品牌项目。

六、总结反思

当前,我国教育现代化全面提速,教育对外开放持续深入,加强与"一带一路"共建国家的职业教育合作交流已成为重要方向,职业教育"走出去"正引起各界广泛关注。全面深入研究中国职业教育"走出去"的现实意义、实施路径及发展对策,对保障和推动中国职业教育"走出去"和高质量发展具有一定借鉴作用。

职业教育"走出去"不只是教育问题,还与外交、商贸、文化等领域存在融合交叉,只有明确协调、监管和推进机制,筹措资源和集中投入,才能实现效益最大化。因此,加强顶层设计和布局规划,协调政企校各要素关系,寻找共同发力点,合理调配资源,形成良性发展局面。同时通过优化师资培养,开发高质量专业标准、课程标准、教学资源等,不断提升办学质量。

下一步学校将继续推进沙特阿拉伯海外人才培养基地项目,开展"中文＋职业技能"项目,通过选派企业专业技术骨干,深入沙特阿拉伯等七个国家开展技术技能教学,选派校内高水平教师在线上、线下开展理论教学,实现理论与实践双管齐下,积极探索境外办学新途径,把中国技术带到中东地区,与世界共享优秀职教成果,为中国企业搭建国际舞台。

突显制度与文化自信，创中新青年人才交流新模式

——新加坡学生"中华文化之旅"典型案例

摘 要 四川航天职业技术学院与新加坡义安理工学院合作开设新加坡留学生"中华文化之旅"项目，每年招收新加坡义安理工学院春、秋季 2 批次留学生，在学院学习交流 5 周。由中、新双方共同制订教学计划、开展课程，并在学习期间与学院学生进行各项体育文娱交流活动。学院积极探索如何在现有项目优势和经验基础上，结合时代背景发展需求，通过高效率、精质量、多人次等特色，积极展现中国及四川区域政治、经济、文化优势，促进中国和新加坡青年人才文化交流，努力扩大四川乃至中国在新加坡青年人才中的影响力，服务"一带一路"建设，促进经济、文化融合，对区域经济转型升级和东南亚经济发展做出贡献。

一、合作背景

"一带一路"倡议的实施开启了我国与共建国家多领域、全方位的合作，也加深了与共建国家教育、文化领域的交流层次。坚持文化先行，通过进一步深化与共建国家的文化交流与合作，促进区域合作，实现共同发展，让命运共同体意识在共建国家落地生根。我国职业院校亦转变传统的国际交流思想，逐渐将传统的学术交流转化为文化的推广，实行文化先行，深化与共建国家的文化交流与合作，不断扩大我国职业院校在共建国家的影响力，促进区域合作，实现共同发展，进而有效提升我国职业院校的国际竞争优势。

近 10 年来，"一带一路"共建国家和地区来华留学生数量加速增长，培养环境不断提升，为"一带一路"建设提供了强有力的人才支撑。这也为职

业教育和留学事业提供了新的历史机遇和挑战。目前,相当一部分高职院校在开展来华留学生工作时面临教育理念隔阂、文化认同感缺失、基础条件不足、地理位置不利等多重困境,为了寻求突破,培养短期留学生成为部分高职院校实现国际双向交流的有效途径。一个成熟的短期留学生机制有利于建立以文化为载体的高职留学生人才培养平台,进而提升高职院校来华留学生的孵化能力。

四川航天职业技术学院积极践行"一带一路"倡议,与新加坡义安理工学院签订了合作框架协议,搭建新加坡青年人才来川沟通交流渠道,开设新加坡义安理工学院学生"中华文化之旅"项目,成为该校在川内合作的唯一一所高职院校。截至目前,项目运行 10 年,共 16 批 700 余人次新加坡学生顺利来川到校完成课程学习。

二、工作目标

随着"一带一路"倡议的实施,越来越多的中国企业"走出去",需要大量既熟悉本国环境又对中国具有一定了解的国际化人才。来华留学生既对中国文化、社会较为了解,又熟悉本国语言与文化,是中国经济全球化进程中非常需要的人才。"中华文化之旅"通过搭建中新文化交流桥梁,向新加坡青年传播中国文化、讲述中国故事,增进中新青年的了解和互信,促进两国民心相通,从而让更多留学生知华、友华甚至爱华。

三、主要做法

为了丰富留学生体验,强化交流项目中文化传播功能,学院开发出"游""学""交流"三合一模式,在项目实施过程中将"学"与"游"融合起来,以游促学,以学导游,并通过多年不断探索,开发新的课程和体验项目,使留学生深入了解四川的经济、政治、文化和风土人情。

(一)"学"

(1)文化课堂。学院为新加坡学生量身定制文化课程,包括"中国经济概论""四川旅游""中国商务礼仪""航天文化概述""四川烹饪鉴赏""剪纸艺术""中国茶道"等,以直观感受、体验为主,引导新加坡学生从经济、政治、文化角度了解中国、了解四川(图21-1和图21-2)。

图21-1　新加坡留学生在茶艺文化体验课上

图21-2　川剧文化体验课

(2)企业参观。学院与一汽大众、沃尔沃汽车、二汽神龙,以及成都郫都区"双创园"建立合作关系,带领留学生深入企业及园区参观(图21-3),深入了解区域社会经济发展状况及优势。

图 21-3 赴当地企业参观

(二) "游"

与当地知名旅行社深入合作,开发出适合游学的旅游项目(图 21-4),涵盖了四川最具代表性的自然风景(如九寨沟、峨眉山)、人文景观(如杜甫草堂、武侯祠),以及购物路线(如春熙路、环球中心)。

图 21-4 学生参加游学项目

(三) "交流"

(1) 志愿者活动。学院青年志愿者协会组织志愿者活动,邀请新加坡留学生参加,包括去敬老院慰问老人,去福利院探望孩子们,向留守儿童捐书(图21-5),参加植树活动等。

图21-5 慰问当地留守儿童

(2)体育文娱交流活动。学院举办种类丰富的中新友谊赛,如篮球、足球、羽毛球、乒乓球等;同时,系部配合组织联谊活动,增进中新学生互动和情感交流。

四、合作成效

(一)成熟交流机制

经过多年总结和完善,学院逐步建立成熟的留学生机制,开发了一批优质文化课程和人文体验资源,为拓展更多"一带一路"共建国家和地区的留学生来川到校学习夯实基础。同时,通过本项目,学院与新加坡义安理工学院建立了深厚的合作基础,为了实现资源共享,学院将持续开发宽领域、多层次交流。

(二)留学生结构优化

从服务国家"一带一路"建设和教育长远目标看,学院与新加坡义安理工学院的合作关系,优化了留学生国家来源结构,有利于扩大"一带一路"

共建国家留学生人数和范围,推动与"一带一路"共建国家高校的互联互通。

(三)传播中华文化

本项目有利于培养知华友华的国际友人。来华留学生一方面十分了解自己国家的历史文化和风俗习惯,另一方面,在中国留学、生活的经历使他们了解中国的风土人情,具有"贯通中外"的优势,能够成为中外文化交流的使者。留学生将在中国的所见所感带回祖国,这对于密切中国与"一带一路"共建国家的关系,培养更多知华、友华、爱华人士,促进区域共同发展,塑造良好的国家形象,提升国家软实力都具有重要意义。

(四)以点带面升级合作

学院积累了与不同民族、不同宗教、不同民俗背景的留学生互动交流的经验,完善了相关基础设施,并借助项目的良好口碑,以点带面地开发出与马来西亚威达大学学院等其他"一带一路"共建国家的高校定制化交流项目,与多个"一带一路"共建国家的高校结成合作伙伴关系,于2019年牵头成立了"一带一路"产教融合航天国际职教联盟,搭建起开放共享的"一带一路"职业教育交流协作平台,继续推动经济文化融合和区域经济发展。

五、经验总结

(一)创新型文化体验

学院结合新加坡学生的兴趣、需求,不断进行特色课程的创新,每学期开发一至两门新课程,这些课程皆是留学生最感兴趣且最能体现中国特色的课程,形成丰富的文化课程资源,供新加坡学生选择。由于新加坡学生多为华人,本项目语言障碍较少,学生可以在一个相对熟悉的文化环境下学习、探索。学院积极创新文化传播方式,拓展校内、外实训基地,使情景教学和课堂讲授结合、企业参观和实习教学结合,给新加坡学生带来浸入式、全方位、直观的文化体验。

（二）高效能项目管理

本项目涉及人员多，时间长，范围广，为了确保项目流畅、安全地运行，学院多年来一直坚持严谨、细致的管理，协调学校各部门、相关政府机构、当地企业及社会团体等，多方一体合作，从签证、接机到办饭卡、办电话卡、住宿、参观校园、上课、出游、参观企业，为留学生提供多样化、一站式服务，完善接受留学生的环境。实行辅导员制，由英语水平良好的辅导员专门负责留学生在校的组织和协调工作。安全管理方面，根据学院留学生管理规范，在留学生入学之初便进行相关校规和中国法律教育，规范留学生行为；同时学院与当地派出所、出入境管理局紧密合作，随时关注留学生在川期间动向，项目运行以来从未出现过重大安全事故。

（三）尊重差异的情感纽带

学院在遵守中国法律框架原则下，最大限度地尊重新加坡不同民族、宗教的文化和历史，充分考虑到留学生的特殊性，本着人性化与关爱学生的原则，在住宿、饮食和活动方面提供必要的条件，让留学生感到温暖。所有交流活动都在尊重差异的基础上开展，搭建中新两国学生沟通的桥梁，促进国与国的文化交融，增进互相了解和信任，两校建立起深厚的情感纽带，给项目带来良好的口碑，形成良性循环，生源稳定，每批次可招生30～50人，10年来共吸引了700余名留学生。

六、项目发展方向

（一）推动转型升级

扩大合作范围，争取与更多"一带一路"共建国家建立合作关系；拓展合作方向，不局限于短期游学项目，加强"一带一路"共建国家紧缺专业建设，按照相关领域专业教育质量的国际标准和基本要求，建立科学规范的教学质量管理和监控体系，促进教师队伍专业化发展，办出具有自身特色和优势且又符合国际认证要求的留学生教育项目,力争将来川留学生培养成既掌握"一带一路"建设中所需要的学科专业知识,又了解中国语言和文化的全方位人才。

(二)注重市场需求

注重"一带一路"共建国家市场需求,有针对性地调研,适时调整培养方案,与共建国家对口企业建立联系,加强校企合作、产学研合作,为共建国家市场提供人才支持。在政策允许范围内,也可以为来川留学生创造部分就业或实习机会。

(三)丰富合作层次

学院作为行业特色鲜明的职业院校,可以针对优势学科,与"一带一路"共建国家的院校相关专业开展中外合作办学,探索优势互补的双向共建共享之路,与来华留学生教育形成相辅相成的合作局面,相互学习借鉴先进发展理念、发展模式、发展经验,既培养知华、友华的留学生人才,又培养通晓国际职业准则、具备跨文化沟通能力的本土人才,更好地服务区域经济社会发展,服务国际产能合作和国家"一带一路"倡议。

务实创新 推动实现跨越式发展，培养具备全球竞争力的大国工匠

摘 要 成都市技师学院深入贯彻对外开放办学的理念，始终坚持"引进来、走出去"的国际化发展策略，将大量国（境）外优质的职业教育资源引进来，建设校园国际化氛围，提升教职工队伍的国际化素养，培育具备国际竞争力的全球工匠；结合自身优势与区域特色，打造"技能熊猫（Skill Panda）"国际技能交流平台，引领区域扩大对外交往；面向"一带一路"共建国家招收留学生、共享行业岗位职业标准、举办国际技能大赛、建设"成都工匠学院海外分院"、开展"中文＋职业技能"培训项目，让"中国职教方案"全方位地走出去。

一、合作背景

成都市技师学院是经四川省人民政府批准、由成都市人民政府主办的全日制普通公办职业院校。

学校主校区位于成都市重点工业集中发展区的成都现代工业港和成都电子信息产业功能区，紧邻以电子信息为龙头的国家级高新技术产业开发区、国家级双创示范基地，设置与区域高端装备制造等千亿级产业发展需求紧密对接的数控技术（智能制造）、电子商务、应用电子技术、工业互联网、新能源汽车技术、轨道交通运营管理、铁道工程技术七大专业群，开设数控技术、工业机器人技术、物联网应用技术等31个专业，其中数控技术、电气自动化技术、电子商务3个专业为教育部现代学徒制试点专业，学校被遴选为中华人民共和国人力资源和社会保障部（人社部）"中英现代学徒制"试点院校，建成了"捷普班""莫仕班""三星班"等教改典范。

学校是世界技能大赛数控铣竞赛项目中国集训基地、国家级智能制造

生产性实训基地,也是四川省工业机器人虚拟仿真实训中心、四川省优质职教师资培养培训基地。学校荣获了中国教育系统先进集体、中国职业教育先进单位、中国技能人才培育突出贡献奖,同时也是四川省"双高"学校培育单位和技工院校"五星名校"。

"一带一路"倡议的提出,为我国轨道交通、电子商务、新能源汽车等企业提供了服务共建国家基础设施与经济建设的机会。成都市技师学院自成立以来始终重视提升对外开放办学的能力,将国际交流合作视为学校实现跨越式发展的强大牵引与培养具备全球竞争力的大国工匠的重要路径,主动服务"一带一路"倡议,聚焦"引进来,走出去",结合各专业特点与优势,修改顶层设计,科学规划,扎实推进,深入探索职业教育,服务"一带一路"建设可持续性发展的路径,践行讲好成都故事,致力服务好"一带一路"。

二、工作目标

(一)引领地方发展

学校遵循"全面服务地方、引领区域发展"的办学理念,以"引进来"为基石,以服务成都西部对外交往中心建设为目标,开展"技能熊猫"系列国际技能人文交流活动,配合"走出去"企业开展国际化技能技术服务,共享高技能人才培养的成都实践经验,为成都建圈强链,提供人才支撑。

(二)共享中国职教方案

面向"一带一路"共建国家,基于智能焊接、工业机器人、新能源汽车、跨境电商、城市轨道交通运营管理等具有中国特色的学校优势专业,学校开发人才培养标准并面向共建国家推广应用,配合"中文+职业技能"培训、技能竞赛、人文交流等项目。

三、具体做法

（一）将先进职教资源"引进来"

1. 悉心建设高品质合作平台

为进一步增进与海外各国、各区域的了解，开展务实的教育合作，加强区域间人文交流，学校成为中国教育国际交流协会、全球工匠联盟（亚太区）筹备委员会、"一带一路"暨金砖国家技能发展国际联盟、东南亚职业教育产教融合联盟、"一带一路"铁路国际人才教育联盟等联盟、协会的理事单位或会员单位，并与老挝琅南塔省教育厅、马来西亚国际文化交流中心、马来西亚彭亨教育基金大学学院等国（境）外机构、院校签订友好合作协议，旨在引进更多优质海外教育教学资源、深入推进国际学术交流、拓宽国际项目渠道。

2. 大力开展中外合作办学

近年来，随着互联网基础设施的完善和全球性物流网络的构建，我国的跨境电商企业进入迅猛发展阶段，亟须大量的电商技术技能人才。与此同时，随着"一带一路"建设的持续高质量推进，共建国家的企业也加入跨境电商的运营中来，也随之催生出对一大批高素质人才的需求。

3. 校企共建国际合作基地

学校与奥地利联邦商会经济促进 WIFI 学院共同打造了"中奥成都 WIFI 国际职业培训中心"（图 22-1），是中西部唯一一个经奥方授权，集教育实训、展览展示、孵化转化等功能于一体的培训机构，具备颁发国际证书的资格。

图 22-1 "中奥成都 WIFI 国际职业培训中心"合作备忘录签署仪式

2022年,学校与中国中车焊接和无损检测中心国际化培训签署战略合作协议。双方基于"资源共享、优势互补、良性互动、共同发展"的原则,充分整合中国中车焊接和无损检测中心国际化培训和考证资质,以及我校在知识教育和技能操作方面的培训资源优势,充分实现产教融合,形成人才共育、过程共管、成果共享、责任共担的紧密型合作培训体制机制。计划建设一个具有引领性、开放性、前瞻性、示范性的"中国中车国际焊接和无损检测(西南)培训中心"。培训中心将集实践教学、培训、技能鉴定、技术开发和技术服务于一体,面向西南地区在校学生、企业员工和社会人员等开展 ISO9606 国际焊工、ISO9712 国际无损检测人员,AWS 国际焊工、中国铁路无损检测人员等相关培训,为中西部地区装备制造业发展提供高端焊接技术技能人才和技术服务。2022年,学校培训哈尔滨职业技术学院、重庆工业职业技术学院等院校师生,中铁盾构、东方电气等企业工人共计125人。

4. 提升教职工国际化素养

学校积极组织教职工参加国际师资研修项目,如由陆海新通道职业教育国际合作联盟举办的"数字化、人工智能专业"师资培训班、由马来西亚国际文化交流中心举办的"英联邦职教体系暨创新教学模式与方法"培训班;鼓励教职工赴(国)境外进行学历提升,为教职工推荐(国)境外学历提升项目,并制订相关激励政策。2021年,学校选派 18 名教职工赴新加坡南洋理工大学攻读教育管理硕士学位,帮助教职工拓宽国际化视野,学习国(境)外优秀教育经验,与国(境)同行进行深入交流。

5.学生参与对外交流

学校克服重重困难,精心做好各项筹备和保障工作,通过线上＋线下结合的方式主办或承办了第11届穗港澳蓉青年技能竞赛电气装置赛项、2022一带一路暨金砖国家技能发展与技术创新大赛之第十届"嘉克杯"国际焊接大赛、"中国-东盟教育交流周"成都"Skill Panda"国际技能大赛之2022年新能源汽车虚拟故障诊断与维修技能大赛,参与国(境)内外学生1500余人次,促进了学校学生与港澳台地区学生、国(境)外学生之间进行深入的技能与文化交流。其中,"嘉克杯"国际焊接大赛组委会授予我校突出贡献奖。

(二)让技师职教经验"走出去"

1.招收外国留学生

学校与老挝、南非、泰国等国的政府组织及高校签订了留学生项目协议,招收学校首批来华留学生73人,其中,老挝籍学历生43人,分别就读于城市轨道交通运营管理专业和电子商务专业。随着中老铁路的通车及中国与老挝电商合作谅解备忘录的签署,这些留学生将有机会通过从事中老铁路及跨境电商相关的工作,成为中老友好交流的使者。

学校还招收来自尼泊尔、泰国、哈萨克斯坦、安哥拉等"一带一路"共建国家的一年制汉语研修生30人。他们将深入学习中文及中文背后所承载的历史与文化。

2.分享行业岗位职业标准

学校开发智能焊接、轨道交通、电子商务等国际培训课程资源包多个,并向加纳、阿塞拜疆、肯尼亚、马来西亚、伊拉克等国学员进行运用与推广;随着中坦外交关系升级,学校积极作为,主动担当,组织相关二级学院积极参与由中非职业教育联盟、中非(重庆)职业教育联盟组织的第一批、第二批"中国职业院校在坦桑尼亚国家分享相关行业岗位职业标准及配套人才培养方案项目",通过答辩立项牵头"焊接技术员6级",参与"电气工程员6级"与"造价工程师8级"三个行业标准的建设。其中,"电气工程员6级"与"造价工程师8级"已完成开发并获得认证。

3. 建设"成都工匠学院海外分院"

学校与马来西亚彭亨基金大学学院、西班牙巴塞罗那中国文化学院、老挝琅勃拉邦省职业技术学院建立了友好合作关系,联合成都市总工会,多方共建"成都工匠学院海外分院"。

4. 开展"中文+职业技能"培训项目

学校与中铁二院国际教育培训中心深度合作,连续四年举办非洲英语国家综合交通管理官员研修班和"一带一路"国家铁路规划建设管理官员研修班;面向马来西亚雪兰莪大学、泰国洛坤职业学院等院校开展多个"中文+职业技能"培训项目,参培人员共计300余人次,辐射非洲、亚洲、拉丁美洲10多个"一带一路"共建国家,成功传播了高技能人才培养的成都实践经验。

四、合作成效

(一)搭国际交流平台,树人文交流品牌

成都市技师学院充分发挥办赛经验丰富、专业区域带头性等优势,以学校所在地域最标志性的动物——熊猫命名,创造性地搭建起学校独有的"Skill Panda(技能熊猫)"国际技能人文交流平台,并以"中国-东盟教育交流周"成都"Skill Panda"国际技能大赛之2022年新能源汽车虚拟故障诊断与维修技能大赛作为首次亮相(图22-2)。

"中国-东盟教育交流周"成都"Skill Panda"国际技能大赛之2022年新能源汽车虚拟故障诊断与维修技能大赛围绕服务建设更为紧密的中国-东盟共同体,推动教育合作、促进民间友好,旨在进一步推动中国与东盟各国及"一带一路"共建国家在新能源汽车领域的友好交流与合作,加快培养和选拔新能源汽车关键技术领域高素质技能人才,搭建新能源汽车关

键技术传播平台,持续推动新能源汽车产业发展。比赛包括海外赛区和国内赛区,共有来自马来西亚、印度尼西亚、巴基斯坦、肯尼亚、赞比亚等国和我国部分省份相关院校的64支代表队600余名学生参赛。中外选手通过本次大赛不断增加相互了解、增进彼此友谊,以竞赛活动为契机,深化青少年跨文化交流,共同提升新时代国际教育互联互通水平。

图22-2 学校举办"中国-东盟教育交流周"成都"Skill Panda"
国际技能大赛之2022年新能源汽车虚拟故障诊断与维修技能大赛

学校还将通过举办系列国际技能大赛、国际论坛、"中文＋职业技能"培训、人文交流活动等,推动"技能熊猫"品牌更深入人心。

(二)推动中国职教方案走出去

成都市技师学院开发国际培训课程包5个;面向"一带一路"共建国家开展技术技能培训300余人次;帮助坦桑尼亚建设相关行业岗位职业标准及配套人才培养方案3个,其中2个已通过坦桑尼亚国家职业教育委员会审核,获得认证,正式纳入坦桑尼亚国家职业教育体系;多方共建"成都工匠学院海外分院"及"成都工匠学院西班牙分院",实现了中国特色的职教方案在国(境)外的推广与应用。

(三)提升学校国际影响力

学校通识学院于2022年暑期开展的"中文＋职业技能"培训项目获得泰国洛坤职业学院师生的一致好评并收到来自泰国洛坤职业学院校长沙然先生的感谢信;应教育部职成司来文,学校为2022年"世界职业技术教育发展大会"推荐平行论坛发言嘉宾7人,学校因此获得教育部职成司颁发的感谢信,极大地提升了学校的国际知名度与影响力;学校对外合作交流事迹被人民日报海外版做了《融入"一带一路"办出"国际范儿"》专题报道。

五、保障机制

(一)经费投入保障

学校每年为国际交流合作划拨专项经费预算,并积极申报省、市国际交流合作专项奖补资金,保障各国际交流合作项目的顺利运行。

(二)队伍保障

学校成立了国际合作与交流中心(港澳台办公室),专兼结合,建设了一支由专职外事干事与兼职外事联络员组成的外事工作队伍。

六、总结与思考

(一)务实创新,推动国际化办学水平跨越式发展

成都市技师学院在开展国际交流合作中始终秉承"务实"的态度,坚持国际交流合作的最终目的是服务于人,培养具有全球竞争力的大国工匠,提升教职工的国际化水平,服务"一带一路"共建国家的人才需求,针对各学院特色,量身打造国际交流合作计划;积极对外沟通、交流,精挑细选适合自身的国际交流合作项目,创造性地搭建国际技能文化交流务实平台,在短短几年间,引领学校国际化办学水平实现质的飞跃。

(二)实现国际交流合作的可持续发展

大力开展国际交流合作是近年来衡量中国职业院校办学水平的一个重要维度。然而,现阶段一部分教职工和学生对于国际交流依然处于较低的认知水平,甚至认为是他们繁重工作、学业外的"负担"。要提升学校的

国际化办学水平,保证国际交流合作的可持续发展,还应注重通过引进外籍教师、招收留学生、开展丰富多彩的中外师生交流活动、组织国际化培训、鼓励师生赴国(境)外留学等方式营造校园的国际化氛围,培养师生的国际化思维,提升教职工的国际化水平。

共同出海，逆风而行
打造海外职教平台

——四川城市职业学院推进"一带一路"共建
国家职业教育发展典型案例

摘　要　为打造中国特色职业教育品牌，推动职业学校跟随中国企业"走出去"，四川城市职业学院与中国航空技术国际控股有限公司签署合作协议，决定共同实施海外培训项目，助力非洲工业化进程。四川城市职业学院和中国航空技术国际控股有限公司共同打造的海外职教平台充分发挥学校、企业各自优势，在高校、企业、当地政府三者紧密配合下，以师资培养为抓手，着力为"一带一路"共建国家培养大批具备实用技能的产业技术人员。该项目首先在加蓬落地，通过土木工程专业师资项目的成功实施，加国有机会让大量的年轻人接受职业技术培训，掌握新型实用的技术技能，将现代工业发展的最新成果融入当地社会经济发展，服务林业、农业、机械制造、市政、交通、车辆、石油、航空维修等多个行业。这种职业院校和中国企业共同完成海外职教项目的合作模式为中国高校创新国际合作提供了新的思路。

一、合作背景

加蓬共和国是位于非洲中部的"一带一路"共建国家。近年来，加蓬政府为了摆脱以石油、锰、铀和木材等自然资源出口为经济支柱的不利局面，积极实施经济多元化，鼓励产业升级发展。技能型人才的严重匮乏是加国产业发展最大的制约因素。作为"一带一路"项目，中国航空技术国际控股有限公司与加蓬职业教育部就"新建三所职业教育中心项目"签署商务合同。此项目属于中国政府提供优惠贷款项目，融资银行为中国进出口银行。中航国际作为项目总承包商，在加蓬三座主要城市：利伯维尔、让蒂尔港和弗朗斯维尔各新建一所职业教育中心。新建职业培训中心,均由教学楼、实验楼、办公楼、学生宿舍、教职工公寓、食堂、实训车间、体育场馆等市政、道路配套工程组成。并且提供12大类专业的设备供应、专业人才师资培训,包括机械加工、航空服务、计算机维修、焊接技术、汽车维修、制冷与空调技术、农机维修、工程机械、木材加工等。按照业主要求,该培训围绕如何使用项目相关的设备,结合相关教材,在加蓬恩考克国际职业教育和培训中心(CENTRE INTERNATIONAL MULTISECTORIEL DE FORMATION ET D'ENSEIGNEMENT PROFESSIONNELS DE N'KOK)进行理论与实践技术交流工作。其中包含为职教中心培养师资的任务。为了更好地解决职业技能人才培养的难题,中国航空技术国际控股有限公司和四川城市职业学院合作,共同打造海外职教平台,以共同出海的方式,将中国职教领域的宝贵经验、优秀师资和优质课程带到"一带一路"共建国家,为技能型人才培养服务。

二、项目过程

中国企业"走出去",和海外共享中国的技术和标准,离不开国内职业院校的支持;职业院校"走出去",和海外共享中国的软实力和人才离不开中国企业在国外建立的基础设施。因此,四川城市职业学院与中国航空技术国际控股有限公司共建的海外职教平台由两个部分组成:一是由中国航空技术国际控股有限公司承建的职教中心基础设施和提供的各类实验实训设备;二是由四川城市职业学院提供的师资队伍、课程资源及先进的教学理念与教学方法。

学校和企业是职教平台的两个主体,双方紧密协作,共建师资培养方案,构建专业课程体系。目前在加蓬已完成土木工程专业的教学大纲和师资培训方案的编写,其特色是引入了中国航空技术国际控股有限公司的企业标准,将"模拟式教学"提升为"体验式教学",探索出适合当地人才特点和产业需求的海外技能型人才培养模式。

在项目实施过程中,学校、企业和当地政府三方联动,共同打造加蓬职业教育师资培养平台,因地制宜地推进加蓬现代职教师资队伍发展。学校以企业为纽带,与加蓬政府劳动、就业与职业教育部一起为当地职教发展缺乏人才的专业开展师资培训。通过培养"理论＋技能＋实操能力"的高水平职教师资队伍来切实地服务加蓬当地的职教发展。

三、合作成效

（一）逆风而行，打造海外职教新模式

四川城市职业学院主要承担这三所职业教育培训中心的土木工程类师资培训项目，对当地的师资进行专业技能培训。

"这一次走进非洲，真正服务国家'一带一路'倡议，树立中国高质量职教品牌，我们内心是忐忑的，但也是很骄傲的。"听说作为学校首批外派教师赴非洲加蓬参与师资培训项目的消息，老师们既激动又忐忑。

培训中，外派教师将理论实践一体化教学模式带入加蓬课堂，为受训学员进行了土力学、建筑材料、施工技术、土木工程制图与CAD、地基处理、工程测量等项目教学，为加蓬方提供了土木工程专业师资培养计划、学生培养计划、设备配置计划、实验室课程计划、实验室设备管理制度、产教融合方案等方面的培训服务。

在项目实施过程中，学校克服诸多方面的困难，不仅派出了令企业和外方政府满意的优秀师资，还在海外教学中秉持"因地制宜""因材施教"的理念，有针对性地对专业、课程和教学方法进行建设。企业则充分发挥纽带作用，协调政府和当地组织的关系，积极为项目实施创造良好的环境，确保外派人员的人身财产安全，并根据人才培养不断完善教学条件，校企携手打造独特的海外职教模式。

（二）模式创新，建立持续发展的长效机制

校企双方搭建合作框架，突破了高职院校单一传统的国际合作交流模式，结伴随航出海。企业学校共同搭建平台为国家"一带一路"倡议服务。学校和企业师资共享的机制也有效推动了校企资源的优化整合，职业教育融入企业标准，推动了职教专业化建设，促进了职业教育服务国际产能合作行动。校企双方的合作模式从项目培训、辅助运营、实验实训室建设、教

材开发、人才培养、教学/课程标准、院校管理制度、校企合作模式等拓展到海外共同办学、技能非洲、"鲁班工坊"建设、海外人才培训基地、海外学院等更多更广的方面。

(三)成效凸显:快速提升加蓬土木工程专业师资实践教学能力

1.深入施工现场,明确学习目标

加蓬以往的教学存在重理论、轻实践,重知识、轻能力的倾向,导致学生普遍存在技能偏弱,实践操作能力偏弱的问题,因此不能适应企业要求。我校外派教师以水泥胶砂强度检验为案例,带领学生走入施工现场考察,现场演示水泥胶砂强度检验操作。教学内容体现理论适度、突出技能的培养理念,强调学员的实际操作能力,打造"课程与工艺结合,课堂与情景结合"的课程体系(图 23-1)。

图 23-1 组织学员施工现场调研

"在加蓬开展土木工程技能培训的期间,我开展了建筑材料、土力学、建筑工程测量、建筑 CAD 和建筑施工技术 5 门课程,5 门课程都理论与实践并重。此次培训为加强土木专业的交流合作搭建了良好的平台,希望学员们通过学习和技能培训提高技术能力,为加蓬培养更多的土木专业人才。"外派教师陈超说。

加蓬 CIMFEP 学校校长 Jean Fidele Koumba 对此次培训效果给予了高度评价,他希望学员们能在今后的工作中加强学习,借鉴先进技术和经验,同时提出希望在土木工程技术专业的专业建设、人才培养、课程开发等方面与四川城市职业学院展开更为深入的交流合作。

2. "模拟式教学"提升为"体验式教学"

学校教师在教学中构建一个学员可以自己感知和改变的情景,利用可视、可听、可感的教学媒体,激发学员学习热情,让学员产生渴望学习的冲动,自主地投入学习。实验采用与施工现场相同的仪器设备,营造与生产实践类似的工作环境,模拟与施工现场检测一致的工作过程,以施工现场相应岗位的项目为主线,以真实任务为驱动,完成具有真实生产环境的实际技能操作训练(图 23-2)。

图 23-2　学员变身检测员

3. 由实验到职教理论的转化

培训中,外派教师将理论实践一体化教学模式带入加蓬课堂,为受训学员进行了土力学、建筑材料、施工技术、土木工程制图与 CAD、地基处理、工程测量等项目教学(图 23-3),为加蓬方提供了土木工程专业师资培养计划、学生培养计划、设备配置计划、实验室课程计划、实验室设备管理制度、产教融合方案等方面的培训服务。此次加蓬师资培训不仅为当地学员传授了系统的理论知识,也规范了他们的实践操作,为中非职教合作添加了新的内涵。依靠我校师资团队的指导和帮助,加蓬土木工程专业在吸纳中国职业教育先进成分的基础上,建立了适合本国产业发展需求的课程体系,确立了人才培养的模式和途径,充分体现了该项目服务"一带一路"倡议,提升加蓬职业教育能力的初心。

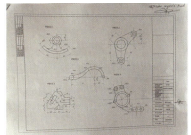
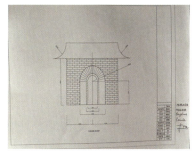

图 23-3　理实一体化教学

四、总结反思

（一）机制建设：深化职教校企海外合作

本案例基于"一带一路"项目，充分发挥学校和企业各自优势，构建学校＋企业服务"一带一路"共建国家的国际合作模式。通过搭建平台，整合资源，为高职院校更好地服务中国企业"走出去"提供了较好的运作模式，对于职业教育更好服务中国企业"走出去"具有较好的推广价值。

（二）海外教学改革：深化创新职业教育海外教学改革

本项目用一种全新的方式定义海外职教课堂，并将课堂搬进了施工现场，转变了传统课堂的价值导向；重构"三教中心"模式，取而代之的是"以学员为中心、以学习为中心、以课程为中心"的新型课堂，设置课堂任务，以项目驱动学员在学中做，在做中学，锻炼学员动手能力。同时改革创新三方考核评价机制，更加突出教师的引导作用和学员的主导地位；摒弃传统教材，用企业标准（国际标准）验证实验，摸索出一套中国职业教育海外教学运行实施的课程体系。

(三)课程标准国际化：构建符合国际标准的课程体系标准，树立□质量职教品牌

学校教师编制的《土木工程专业人才培养方案》获得非洲加蓬共和国NKOK国际多领域职业培训和教育中心的国际认证。在项目运行期间，我校教师团在结合加蓬当地职业教育学情和现有教学条件的背景下，经过2个多月充分走访调研，与当地专业教师座谈，并联合企业专家研讨论证，为加蓬土木工程专业二年制职业教育研发合适的人才培养方案。该套培养方案包括专业调研报告、培养修学年限、人才培养目标与培养规格、课程设置、教学进度计划、实施保障体系、实践教学指导书等内容。《土木工程专业实践教学任务指导书》是该人才培养方法的实践教学材料，是培训团队在加蓬共和国NKOK国际多领域职业培训和教育中心开展实践教学而专门开发的教学材料，包括了5个课程体系，20个实训项目的实训任务单，在本次加蓬土木师资培训中得到了加蓬职教负责部门的应用和认可。该成果是土木工程专业在该校推进国际交流与培训、促进土木"双高"建设、提升专业国际化水平工作取得的一项创新性成果，实现了中国职业教育的"标准共享"。

培养水利电力国际人才服务中资企业海外发展

——贵州水利水电职业技术学院实践

摘　要　贵州水利水电职业技术学院积极响应国家"一带一路"倡议，坚持教育对外开放，紧密围绕《关于推动现代职业教育高质量发展的意见》《教育部等八部门关于加快和扩大新时代教育对外开放的意见》《国务院关于支持贵州在新时代西部打开放上闯新路》等文件要求，立足自身的专业优势与办学特色，将教育国际化摆在学院发展的重要位置，主动融合国际化浪潮，坚持"走出去"办学建设"新丝路"，通过建立与企业合作机制，共同制订人才培养方案，利用信息化完备的实践手段，开发、制作丰富的教学资源，开发本土化人才培养教学资源，构建专业师资团队，打造"丝路学院"品牌，在柬埔寨、哥斯达黎加、巴基斯坦分别建设了3所海外丝路学院，将行业、企业、院校融为一体，推出国际化专业标准，为"一带一路"共建国家培养了一批"会汉语、懂技术"的本土复合型技术技能人才，2021年学院成功入选"中国-东盟'双百旗舰计划'"项目单位，2022年成功入选贵州省国际交流合作示范校建设单位。

一、合作背景

（一）"一带一路"倡议带来机遇

2013年，习近平总书记提出"一带一路"重大倡议，十年以来，"一带一路"倡议从无到有、由点及面、从理念到行动发展成为实实在在的国际合作，取得了令人瞩目的成就。这也表明"一带一路"倡议顺应了时代潮流，适应了发展规律，我们要努力打造中国特色职业教育品牌，为高职教育国际化发展带来新机遇,推动职业教育"走出去",探索"中文+职业技能"的国际化发展模式,服务国际产能合作,推动职业学院跟随中国企业"走出去"。

(二)学院国际化发展使命

在教育对外开放背景下,新时代高职教育首先要立足自身的学科优势与办学特色、持续筑牢高职教育根基,更要主动承担"一带一路"倡议所赋予的人才培养使命,提供坚实的人才保障与智力支撑,贵州水利水电职业技术学院一直以来积极响应国家"一带一路"倡议,高度重视深化国际交流与合作,聚焦构建教育对外开放新格局,开展多层次、高质量的对外交流合作,主动在服务中资企业海外发展中深化产教融合、校企合作,以培养具备专业技术素养、熟悉"一带一路"共建国家产业文化的人才为重要着力点,把文化"软实力"建设作为国际化发展的要点,讲好中国故事,传播好中国声音、阐释好中国特色,唱好贵州旋律,联合企业及海外院校搭建跨境职业教育服务平台,推出中国特色高水平职业教育模式,实现国际化办学,提升对外开放水平。

二、工作目标

贵州水利水电职业技术学院在"一带一路"共建国家建立"丝路学院"海外分校,形成双向共融的育人模式,主要目标:

一是主动服务国家"一带一路"倡议。推进国际传播能力建设,讲好中国故事,培养"知华、友华"的优秀国际人才,厚植国与国之间世代友好的社会和民意基础。

二是主动服务中资企业海外发展。在深化产教融合、校企合作的基础上,培养"会汉语、懂技术"的复合型技术技能人才。

三是服务学院自身发展的需要。在主动融入高等教育国际化教育浪潮中助力我省"国家级内陆开放型经济试验区"建设,助推贵州省教育对外开放。

三、项目过程

学院积极实施"丝绸之路"合作办学推进计划,结合自身需求及区域实际,培育和打造出贵州水院品牌——"丝路学院",走出了一条积极发展、特色鲜明的教育国际化办学之路,建设"中国贵州水利水电职业技术学院柬埔寨马德望理工学院亚龙丝路学院""中国贵州水利水电职业技术学院哥斯达黎加丝路学院"和"贵州水利水电职业技术学院中巴丝路学院","丝路学院"旨在推进国际化产教深度融合,为"走出去"海外中资企业培养一批"会汉语、懂技术"的国际化复合型技术技能人才,促进当地经济发展,共享中国高职院校优质教育资源和教学标准,促进中外人文交流。

(一)中国贵州水利水电职业技术学院柬埔寨马德望理工学院亚龙丝路学院

2018年,学院与亚龙智能装备集团携手,在第十一届"中国-东盟交流周"丝路学院洽谈会上,与柬埔寨马德望理工学院签约,三方共同筹建"中国贵州水利水电职业技术学院柬埔寨马德望理工学院亚龙丝路学院"。2019年5月,学院与柬埔寨马德望理工学院、中国亚龙智能集团三方共建的"贵州水利水电职业技术学院亚龙丝路学院"在柬埔寨揭牌成立,成为贵州省第一所"走出去"办学的高职院校。柬埔寨政府高度重视,劳动部国务秘书、马德望市市长等亲临现场(图24-1)。

图24-1 学院院长陈海梁(左四)与柬埔寨劳动部国务秘书毕·索方(右四),亚龙智能装备集团股份有限公司董事长陈继权(右三)在"亚龙丝路学院校"牌下合影

贵州省教育厅在重要情况专报中向省委省政府领导作专项报告,评价学院:"作为我省首家职业院校启动'国际化'办学实践的'柬埔寨贵州水利水电职业技术学院亚龙丝路学院',为我省各级各类职业院校'走出去'办学起到了示范引领作用,拓宽了办学视野,找准了发展定位,强化了科学规划,把握住了改革节奏,并探索出了较好的成功经验。"

为保障人才培养质量,经选拔,36名柬埔寨学生被贵州水利水电职业技术学院电气自动化专业录取。如今,该批学生已进入当地中资企业工作,也有的成为当地国际学校的汉语教师,工资待遇均不错,已毕业的校友也不断推荐身边的适龄学生申报学院,教学效果显著,获得合作院校及学生、家长的一致好评,柬埔寨马德望省理工学院也主动要求增加招生计划(图24-2)。

图24-2 学院院长陈海梁(第三排中)与柬埔寨马德望省理工学院副校长赛克达里斯(第三排左一)及首届"亚龙丝路学院"学生合影

(二)中国贵州职业技术学院哥斯达黎加丝路学院

2018年10月,哥斯达黎加国家技术研究中心到学院访问,双方签署了《框架合作协议》。2019年,学院受哥斯达黎加国家技术研究中心邀请,学院党委书记杨志宏带队抵达哥斯达黎加,在哥斯达黎加劳动和社会保障部见证下,签署了《共建"中国贵州水利水电职业技术学院哥斯达黎加丝路学院"协议》(图24-3)。2020年5月,该丝路学院举行首次师生线上见面会,开始线上教学(图24-4),这是继柬埔寨亚龙丝路学院成功办学之后,学院又一次"走出去"办学的创新性实践。双方在共建丝路学院、学生交流学习、教师交流互访等方面全力推进。

图 24-3　学校与哥斯达黎加劳动与社会保障部、国家技术研究中心成功签约

图 24-4　哥斯达黎加丝路学院线上教学现场

（三）贵州水利水电职业技术学院中巴丝路学院

2022年10月，学院与巴基斯坦苏库尔省立技术学院、巴基斯坦信德省职教局、北京唐风汉语教育科技有限公司相聚"云端"，举行四方合作协议签约暨中巴丝路学院揭牌仪式。贵州省教育厅党组书记、厅长邹联克，省水利厅党组书记、厅长周登涛，以及巴基斯坦信德省技术教育和职业培

训局主席等出席并共同见证此次签约暨揭牌仪式(图24-5)。

贵州水利水电职业技术学院是与巴基斯坦在水利电力类专业合作的第一所中国院校,是西南地区第一家在巴基斯坦开展融合学历教育和技能培训的高职院校,实现了教育对外开放新跨越,合作办学新突破。

图24-5 贵州省教育厅厅长邹联克、贵州省水利厅厅长周登涛为"中巴丝路学院"揭牌

四、合作成效

(一)入围"双百旗舰计划"

为落实《推进共建"一带一路"教育行动》,在教育部国际合作与交流司的支持下,每年遴选20个与东盟成员国共同开展的特色职教合作项目,周期为5年。2021年5月,"中柬贵州水利水电职业技术学院亚龙丝路学院项目"成功入选第四批"中国-东盟高职院校特色合作项目",学院成为"中国-东盟双百职校强强合作旗舰计划"项目建设单位,在2021年"中国-东盟教育交流周"上接受授牌并就学院中柬"亚龙丝路学院"境外办学项目作交流发言。

(二)学生培养成果明显

经过学院精心培养,柬埔寨亚龙丝路学院第一届丝路学院学生学习成果卓越,其中36名学生,有35名通过汉语相应水平考试,完成电气自动化专业学习。目前学生在柬埔寨当地企业实习(图24-6),其中大部分学生进入了当地中资企业。

图24-6 柬埔寨丝路学院学生在湖南尔康(柬埔寨)投资有限公司实习

哥斯达黎加丝路学院一直开展线上教学,但培养效果得到哥斯达黎加国家技术研究中心及当地学生充分认可,首批18名同学已经达到HSK2级的水平,2022年5月收到哥斯达黎加外交部邀请学院院长陈海梁参加新总统就职的函,2022年10月,哥斯达黎加丝路学院又新招收了9名汉语语言生。

(三)教学方法改革显成效

根据丝路学院人才培养标准,国际汉语教师以柬埔寨学生学习特点为基础,创新教学方法,教师团队荣获2020年全国职业院校技能大赛教学能力比赛三等奖(图24-7),贵州省教学能力比赛一等奖(图24-8),申报的"HSK标准课程"获得省级精品课程立项。

图24-7 教师荣获2020年全国职业院校技能大赛教学能力比赛三等奖

图 24-8　教师荣获 2020 年贵州职业院校技能大赛教学能力比赛一等奖

（四）科研方面成果显著

2018 年 7 月,学院党委书记杨志宏主持申报的《"一带一路"背景下"贵州-东盟"高等教育合作机制创新研究》获准立项为贵州教育改革发展研究重大课题,获优秀等次。

2021 年 7 月,学院对外交流合作处处长兼国际教育部主任宋海静主持的《"一带一路"背景下"贵州-东盟"高等教育合作实践现状研究》获贵州省第五届教育科学研究一等奖。

五、保障机制

（一）组织和制度保障

学院党委高度重视学院国际化发展,把国际化办学摆在重要位置,基于学院"海外丝路学院"建设,结合自身发展需要,建立和完善了学院教育涉外风险防范管理制度,制定了《贵州水利水电职业技术学院国际中文教师管理办法》《贵州水利水电职业技术学院涉外安全管理制度》,确保了海外办学规范运行。

（二）师资队伍保障

为保障丝路学院的教学质量,打造了一支具备专业及职业汉语教学能力的复合型师资队伍,开展国际化师资培训,如"汉语＋职业教育复合型师资培养""贵州水利水电职业技术学院英语素质能力提升"培训项目,拓宽汉语教师的跨学科职业汉语教学能力及双语教学能力,通过线上线下等方式为"一带一路"共建国家培养复合型技术技能人才。

(三)课程资源建设

开发数字化教学资源,打破时间、空间的限制,保障教学质量,利用信息化完备的实践手段,开发、制作了丰富的教学资源,结合海外中资企业及海外合作丝路学院需求,建设5个高质量国际化双语人才培养方案,制订10门双语课程标准,制作2门专业课线上实训课程,制作HSK1~4级双语线上课程教学视频,180个课件、260个视频、180份习题等教学资源,同时结合学院水文化内涵建设开发了一套中国文化(水文化)实践课程,满足国际学生线上线下教育教学需要,推出中国职业教育教学模式、教学标准,传播中国文化,讲好中国故事。

六、总结反思

(一)打造海外办学品牌建设——"丝路学院"

在全面建设社会主义现代化国家新征程中,职业教育是国民教育体系和人力资源开发的重要组成部分,肩负着培养多样化人才、传承技术技能、促进就业创业的重要职责,在国家大力推进"一带一路"建设的背景下,贵州水利水电职业技术学院坚定不移"走出去"办学步伐,致力于为"走出去"的海外中资企业培养"会汉语、懂技术"的国际化人才,以培养本土化复合型技术技能人才为目标,通过"校+企"牵手共建人才培养标准,构建专业师资队伍、建设课程资源,形成贵州水利水电职业技术学院海外办学——"丝路学院",擦亮贵州水利水电职业技术学院国际化办学品牌,助推贵州省教育对外开放。

(二)顺势而为,把握契机,提高海外办学质量

新时期,高职教育国际化的发展机遇与挑战并存,作为一所年轻的高职院校,应把握契机,借助"一带一路"有利东风,不断扩大教育对外开放水

平,努力做好教育外交工作,一是要加强校企间的合作,提升我院在海外中资企业中的形象,为其培养所需的技术技能人才;二是要立足地域特点和自身优势,乘势而上,顺势而为,提升"丝路学院"品牌内涵建设;三是要继续以"开放合作"为基石,加大"一带一路"共建国家间的交流与合作,推动周边环境更加友好,形成携手共进、团结合作、共同发展的新局面;四是要进一步打造"双师+双语型"教师队伍建设,建设一支外语水平高、专业技术能力强、教学经验丰富的教师团队;五是要完善信息化数字教学资源,融合学院水文化和中华优秀文化,推进专业教学资源建设,为海外办学提供教学资源。

多元共育本土人才
服务共建"一带一路"

摘　要　贵州轻工职业技术学院发挥国家"双高"校建设单位大数据技术技能人才培养高地优势,主动担当中国大数据技术的传播者和中国职业教育标准的推广者,积极服务中国大数据"走出去"。与泰国吉拉达技术大学、泰国兰纳皇家理工大学共同推动大数据专业"双学历""CCTE模式"国际化办学的模式与实践等国际学生联合培养。根据"建海外分校、享教学标准,育本土人才,树轻院品牌"的总思路,构建校校企合作共赢长效机制,在泰国实施"经世学堂"项目,多元共育本土人才,打造高职在海外办学的"贵州轻院"品牌。

一、合作背景

随着教育国际化日益成为教育改革和发展的热点,中国教育特别是职业教育携手企业"走出去",已经成为配合国家实施"一带一路"倡议的重要一环。2019年8月23日,教育部中外人文交流中心发布《关于实施"人文交流经世项目"的通知》,截至2022年12月,已经同俄罗斯、泰国等共建"人文交流经世项目"10余个。近年来,中国大数据"走出去"的步伐不断加快,对"一带一路"共建国家信息技术的提升优势明显,但当前中国大数据企业"走出去"过程中急需解决的问题是所在国本土化大数据技术技能人才匮乏。与此同时随着"一带一路"共建的持续高质量推进,共建国家对技术技能人才出现了爆发性的需求,但在教育水平及教育供给能力上存在巨大落差。为"一带一路"建设提供高质量的国际化人才和技术支持,贵州轻工职业技术学院(下文简称"贵州轻院")发挥国家"双高"校建设单位大数据技术技能人才培养高地优势,主动担当中国大数据技术的传播者和中国职业教育标准的共享者,积极服务中国大数据"走出去"。根据"建海外分校、享教学标准,育本土人才,树轻院品牌"的总思路,构建校校企合作共赢长效机制,在泰国实施"经世学堂"项目,多元共育本土人才,打造高职在海外办学的"贵州轻院"品牌(图25-1)。

图25-1 海外分校揭幕仪式

二、工作目标

学校聚焦大数据专业职业教育标准共享,面向"一带一路"建设培养掌握中国大数据技术与运用的本土化技术技能人才,服务中国大数据"走出去",不断提升学院教育对外开放水平。

(一)为大数据技术专业提供"轻工标准"

发挥学院国家"双高"计划人才培养高地优势,牵头开发具有中国特色的大数据技术技能人才培养标准,在"一带一路"共建国家推广应用中国职教标准和教学资源。

(二)为"一带一路"共建国家职业教育提"中国方案"

以服务中国大数据"走出去",解决"一带一路"共建国家大数据工程建设与运维期间本土化技术技能人才匮乏为目标,学校与海外高校、中国大数据"走出去"企业共建贵州轻院产教融合海外实训基地,传播中国大数据技术,为共建国家培养高素质技术技能人才。

三、项目过程

(一)创新国际化人才培养,中泰双学历认证

贵州轻院与泰国兰纳皇家理工大学共同推动大数据专业"双学历""CCTE模式"国际化办学的模式与实践等国际学生联合培养。中泰大数据类专业人才联合培养项目实施交替授课与学分互认机制,即通过"小学期+大学期""理论强化+技能提升""校内培养+校外实践"中泰双方联合开展大数据类人才培养。泰方主要以大数据类专业学生人才培养方案开展中文等基础授课;中方主要负责大学期内理论强化与技能提升,设置中华优秀传统文化课程、专业基础课程、专业技能课程、职业素养课程四个模块。通过交替式授课,国际学生达到大数据类专业中泰双方人才培养要求,获得双学历认证,进一步丰富了国际化人才培养模式。

(二)定制课程式项目授课,打造校企校联合团队

学院通过建立"经世学堂"海外分校,联合泰国吉拉达技术大学、泰国兰纳皇家理工大学,与百科荣创(北京)企业、华晟国际教育、中伟科技有限公司、唐风国际教育等行业领先企业,对课程计划精磨细作。在大数据国际化人才培养的过程中,中方校内课程邀请百科荣创(北京)企业工程师组成专业教学团队进行定制课程式项目化授课;泰方课程邀请华晟国际教育、中伟科技公司等集合泰国人数据类行业企业情况进行当地定制化课程(图25-2)。

图 25-2　2019 级物联网专业留学生课表

（三）共建云端科研平台

2020 年学院物联网专业教师团队，联合百科荣创（北京）工程师团队为国际学生进行线上线下混合式教学，定制混合式教学取得了良好的教学效果。中方积极探索以网课的形式代替面授教学模式，通过钉钉、ZOOM、蓝墨云等平台多渠道、多举措开展远程在线教学活动，泰方线下实际指导。学院大数据技术教师团队、物联网应用技术团队与泰国吉拉达技术大学教师团队通过云端对教学情况进行剖析研判，适时调整进度。双方共商科研，提升学生掌握嵌入式系统开发工程的实践能力、创新能力等综合职业能力，增加人才就业竞争力（图 25-3）。

图 25-3 2019 级泰国吉拉达技术大学物联网专业留学生云端上课

（四）深化体验式中华文化，培养"知华、爱华"友人

贵州轻院依托学校食品类、艺术设计类办学优势和省级文化传承中心、实训基地等平台，及国家级教学资源库等优质资源积极开设文化体验课教学，将茶艺、书法、蜡染等传统技艺融入国际学生文化素质课程，以中国饮食文化、节日文化融入教育教学，为服务"一带一路"共建国家培养知华、友华、爱华的国际化技能型人才。

（五）推进产教融合发展，共建国际化实践基地

2018 年以来，学院逐步推动"中文＋技能"人才培养，与唐风国际教育集团、百科荣创（北京）等知名企业共建海外实训基地，为中泰大数据类专业国际化技术技能人才培养提供良好基础。学院通过建立"经世学堂"海外分校，由华晟经世协助学校在泰国成立特色工坊海外教学实践基地，联合中伟科技有限公司开展学生订单培育和提供技术培训，中泰携手共建实践基地、培养大数据类国际化专业人才，共商、共建国际学生培养基地，共同解决人力资源本地化难题，搭建国际校企合作平台（图 25-4）。

图 25-4　中-泰实训基地

四、合作成效

（一）培养"中文＋职业技能"复合型人才，打造"留学轻工"品牌

贵州轻院与泰国吉拉达技术大学合作项目建设有助于培养出更多高素质复合型"中文＋职业技能"人才，更好地服务当地的经济建设、教育发展及文化交流等，得到了泰国政府、双方教师及学生的广泛认可。学院与泰国吉拉达技术大学第一批联合培养学生在泰国实习期间先后获得泰国华为公司及国家人权委员会两家单位的高度赞赏，大大提升了学院在泰国的影响。2022 年 7 月该批学生顺利毕业，其中三名学生继续在泰国吉拉达技术大学完成本科学历，两名学生凭借优秀的综合素质和流利的汉语被中国高校录取（图 25-5）。

图 25-5　2019 级物联网专业留学生顺利完成学业

(二)搭建中-泰友谊桥梁,助力"一带一路"共建国家建设

贵州轻院通过与泰国吉拉达技术大学开展合作人才培养形成了良好的沟通交流机制,线上学术交流和人文交流互动性好,为泰国学生带来了新的学习机遇,架设起了中泰友谊的桥梁。2022年3月,学院与泰国吉拉达技术大学通过云端双方再相聚,并续签下一阶段的合作协议,深入探讨人才培养模式革新、定制化物联网专业国际学生班、科研平台共建等,为进一步探索培养国际化技术技能人才夯实基础(图25-6)。

图25-6 贵州轻院与泰国吉拉达技术大学签订合作协议

(三)校企合作,展示轻工优质教育资源

贵州轻院与泰国吉拉达技术大学立足大数据专业群,围绕大数据新兴产业和支柱产业,聚焦大数据高素质技术技能人才培养。学院先后与中伟科技有限公司、百科荣创(北京)企业等洽谈合作并签订相关合作协议,着重进行中泰课程联合开发,搭建"中-泰"跨境校企专家团队,共同建设专业(群)共享特色资源库,探索出适合泰国发展的人才培养模式矩阵,为泰国本土技术技能人才培养做出了巨大的贡献(图25-7)。

图 25-7　建立大数据专业群资源库

五、保障机制

（一）组织保障

建立"学院统一领导、外事部门（怀卡托国际学院）统筹协调、职能部门密切配合、系部组织实施"的海外分校工作管理体制和运行机制，加强顶层设计和组织协调。

基于校校企合作共赢长效机制，校校企三方共同设立"经世学堂"联合管理委员会，管理委员会由九人组成，三位中方高校人员，三位海外高校人员，三位企业负责人员，通过对项目目标的确定、项目推进的把控、项目内容的核定等，确保海外办学规范运行。还建立了校校企三方共同商量审定审核评估机制，包括专家评估，各阶段评估会议召开等，有效评估各责任人各阶段工作情况，有效地对项目进行了把控管理，保证了项目质量。

（二）经费保障

校校企三方拨付专项资金用于海外分校"经世学堂"的建设与运行。中国"走出去"企业从职工培训经费中划拨专项经费用于本土化员工培训。贵州轻院将"经世学堂"建设与运营纳入年度预算，确保资源建设、教师培训和设备更新。境外高校承担派遣外方教师及场地运行等费用。

（三）师资保障

贵州轻院负责双语师资队伍建设与外方高校教师培训。学校已经建成了10余人组成的双语教师队伍，通过线上线下两种途径为外方院校培养专业教师。

六、总结反思

（一）精准定位，立足国际化人才培养

贵州轻院与泰国吉拉达技术大学合作项目根据国际标准制订符合泰国教育发展的课程和人才培养方案，共同开发国际化能力培养课程，通过"经世学堂"海外分校在泰国联合建设中泰人才培养特色工坊，为进一步推动我院在泰国的海外教育援助事业提供了良好的平台，为"一带一路"共建国家培养更多的国际化技术技能型人才。提供对口的海外企业实习及就业，不断完善项目的国际化技术技能人才培养机制，进一步服务国际化产能合作，吸引更多的泰国学生进入"经世学堂海外分校"学习，精准的专业定位也为中泰共建"一带一路"培养出更多的紧缺人才。

（二）共享中国职业标准，打造"开放轻工"

贵州轻院与泰国吉拉达技术大学合作项目依托学院优势专业，开展"中文＋职业技能"培训，"引进来""走出去"，共创国际化升级版"开放轻工"。通过"经世学堂海外分校"和"中文＋技能"办学特色，依托大数据技术专业和新能源汽车等专业优势，着力打造开放轻工"走出去"国际化教育品牌，提升学院在贵州省内的国际合作声誉，为中泰职业教育贡献"中国方案"和"中国智慧"。

紧扣交通特色错位发展
职业院校携手"走出去"中资企业深耕国际市场创新与实践

摘　要　云南交通职业技术学院"缅甸鲁班工坊"建设项目高度契合国家"一带一路"倡议和云南省"面向南亚东南亚辐射中心"建设定位,携手优质中资企业"走出去",深耕国际市场,共建境外鲁班工坊。将企业先进施工工艺、境外资源等优势与云南交通职业技术学院交通类专业教学资源优势有效结合,助力"中国交通工程技术标准"与"中国交通专业职教标准"共享,培养"走出去"优质中资企业急需的既懂中国文化又通"中国标准"的境外本土技术技能员工。

一、合作背景

缅甸是中国传统友好邻邦,中缅山水相连,民族相通,人文相亲,两国人民互称"瑞苗胞波",情深谊厚,源远流长。缅甸当前正处于交通基础设施建设的起步期,其国内交通运输方式主要以公路(部分高速公路,未形成网络)和铁路运输为主,航空运输和海运运输为辅,无高铁、地铁。道路桥梁建设还未采用我国普遍使用的先进半刚性基层及改性沥青铺筑沥青路面等道路桥梁施工技术,施工工艺落后、施工进程缓慢;特别是在桥梁施工技术上还以工梁为主,以梯梁、箱梁、钢混叠合梁、钢管混凝土梯构梁施工的桥梁较少,施工技术简单,施工工艺主要以人工控制为主;机场建设以刚性跑道为主,维修困难;高速铁路与城市地铁交通尚未开始建设。但缅甸城市人口密集,大城市间的人员往来和货物运输急需高铁、高速公路、大型桥梁等公共交通基础设施。

随着"一带一路"倡议走深走实、"中缅经济走廊"建设全面铺开,以交通基础设施建设为代表的缅甸相关领域建设项目急需大量成熟的施工工艺技术和规范,尤其是以云南本土优质企业为代表的中资企业快速涌入缅甸市场,对缅甸本土交通技术技能型员工的需求呈现爆发性增长。但缅甸当前较为落后的职业教育水平与中资企业对本土技术技能型员工的用工需求存在巨大落差,学院以"中国交通工程技术标准"和"中国交通职业教育教学标准"共享为核心,为以缅甸为代表的东盟国家本土交通技术人才提供专业知识培训,将先进的中国交通工程工艺标准、质量控制规范和项目管理经验向缅甸进行推介,助力"走出去"中资企业实现优质产能国际转移,担负起培养"一带一路"共建国家本土交通高素质技术技能型人才、服务中国企业"走出去"的重任。

二、工作目标

云南交通职业技术学院(以下简称"学院")以服务"一带一路"倡议和云南"面向南亚东南亚辐射中心"建设为己任,积极担当作为,携手云南本土优质企业云南阳光道桥股份有限公司(以下简称"阳光道桥")赴缅甸开展校企深度国际合作,结合阳光道桥援建缅甸滚弄大桥项目建设需要,在缅甸建设"中国云南交通职业技术学院-阳光道桥-缅甸鲁班工坊"(以下简称"缅甸鲁班工坊"),为其培养急需的缅籍本土员工,协同深耕缅甸市场,承建更多缅甸基础设施工程项目,造福缅甸民生福祉,把"中国云南交通职业技术学院-阳光道桥-缅甸鲁班工坊"项目建设成为人才培养特色最鲜明、专业配套设施最完善、核心课程资源最丰富,引领云南、辐射全国的中国职业教育高技术技能人才示范性海外培养培训中心(图 26-1)。

图 26-1 云南卫视晚间新闻,云南日报等媒体相继报道"中国云南交通职业技术学院-阳光道桥-缅甸鲁班工坊"揭牌落地

三、项目过程

项目以"缅甸鲁班工坊"为载体,针对缅甸交通运输部、国家公路局的管理人员和技术官员,以及"走出去"中资企业缅甸本土员工开展中国先进的交通理论、技术培训,搭建起契合缅甸交通基础设施建设需求、造福缅甸民生福祉的实体桥梁。

(1)搭建满足"缅甸鲁班工坊"建设项目的"双语双师"型师资团队。学院选派公路工程专业领域专家与缅方院校教师、企业施工技术骨干共同组建鲁班工坊专业师资团队开展项目课程研发及教学工作(图 26-2)。

图 26-2 "双语双师"型师资团队

(2)研发"中国云南交通职业技术学院-阳光道桥-缅甸鲁班工坊"项目人才培养方案及配套专业课程。通过对缅甸社会经济发展、基础设施建设、工业发展水平等进行深入调研,分析缅甸相关产业对人员素质、岗位技能的需求,糅合云南本土企业针对缅甸工程项目所开展的科研研发形成的创新成果,形成专门的"中国云南交通职业技术学院-阳光道桥-缅甸鲁班工坊"工程机械操作维护技能培训和公路工程专业技术技能培训 2 个适应缅甸本土人才的培养方案和课程标准;同时还针对云南本土企业派驻缅甸工程项目的中方人员,开发专门课程。

(3)配齐"中国云南交通职业技术学院-阳光道桥-缅甸鲁班工坊"项目教学资源。确定人才培养方案,规划教学内容、确定教学方法,组织教学实施,制订教学评价细则。根据道路桥梁建设工程"建、管、养"全过程及工程机械操作、维护保养等典型工作岗位需求特点,重点完成以下事项。

① 与阳光道桥联合开发适合缅甸鲁班工坊班的校企双元"专业技术+数字技术应用"活页式教材 3 本:《缅甸鲁班工坊公路工程专业技术综合教程》(拟定)、《缅甸鲁班工坊工程机械维修综合教程》(拟定)、《缅甸民俗与文化》(拟定)。

② 提供"中国交通工程机械维修保养专业教学标准""中国交通公路工程技术专业教学标准",为缅甸鲁班工坊量身定做融入中国公路工程专业和工程机械专业的基础理论培训课程并配备以仿真虚拟数字应用为核心的仿真虚拟实训课程 9 门,缅甸文化课程 2 门,推进"互联网+职业教育(培训)"。

(4)依托中资企业在缅甸工程项目,建设鲁班工坊实习实训基地。

四、合作成效

项目契合国家"一带一路"倡议,根据中央对云南省建设"面向南亚东南亚辐射中心"的定位,将校企协同发展与服务企业优质国际产能合作有机融合,制订一套切实可行的"职业院校携手企业深耕国际市场,实施境外鲁班工坊建设暨交通职业技术技能培训"的实施策略,具有很强的时代感和实践价值。真正做到校企合作,优势互补,把企业所拥有的先进施工工艺、境外资源等优势与学院交通类专业教学资源优势有效结合,对于解决"走出去"中资企业急需的既懂中国文化又通"中国标准"的境外本土技术技能员工匮乏问题具有重要现实意义。

通过搭建学院缅甸实习实训基地,做到以技术争市场,提升云南职业院校、云南本土企业在缅甸的信誉度,为云南本土企业进一步深耕缅甸的市场奠定基础。

通过在培训课程中糅合企业在缅所用的"中国工程技术标准"及在援缅建设项目中研发的"高温重载交通条件下沥青路面解决的方法和技术工艺"等研究成果,帮助学员了解中国公路桥梁等交通基础设施建设成果和新材料、新技术、新工艺、新装备的应用,提高缅甸交通市场对"中国标准"的信赖感(图 26-3)。

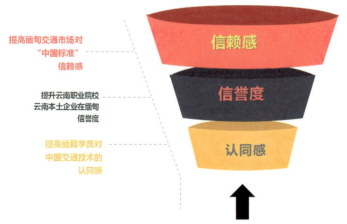

图 26-3 "中国云南交通职业技术学院-阳光道桥-缅甸鲁班工坊"
交通职业教育技术培训项目成果图

五、保障机制

作为云南省职业院校国际交流与合作领域排头兵,学院立足云南区位优势,发挥交通类高职院校特色,错位竞争抢抓优势,引领云南职教走向国际,2018、2019 年学院 2 次荣获全国高职高专院校"国际影响力 50 强""亚太职业院校影响力 50 强";2020 年入选首批"中国职业院校世界竞争力 50 强"。学院国际合作交流工作的骄人成绩,受到《光明日报》《中国青年报》《云南日报》和云南电视台等权威媒体的关注并给予了高度评价,形成了业内认可、当地离不开、国际可交流的良好局面,领跑全国交通类职业院校的国际化。

1. 学校境外办学经验丰富,引领全国交通类职业院校

学院在云南职教领域率先实施境外办学,在泰开办"中国云南交通职业技术学院邦帕空分校""中国云南交通职业技术学院班赛分校"两所分校。其中,"邦帕空分校"于 2016 年获选《教育部与云南省人民政府开展"一带一路"教育行动国际合作备忘录》重点支持的四个境外办学项目;2018 年该项目入选中国教育部委托中国教育国际交流协会评选的首批 20 所"中国-东盟双旗舰职业院校";学院还面向南亚东南亚广泛开展技术技

能培训,为老挝、马来西亚等国家交通工程人员按照中国标准开展公路技术服务和丰田汽车T-TEP技术培训,进行职教师资培养。学院交通土木工程检测研究中心(甲级资质)结伴云南建投承建老挝万万高速公路,建设学院境外实习实训基地;学院骨干教师担任品牌企业在老、缅、柬等国的工程项目技术总顾问,为工程项目技术总把关,近年来,培训企业境外本土员工1559人次。

2. 企业缅甸项目基础稳固,校企深度融合有保障

伴随"一带一路"建设深入推进,阳光道桥在南亚东南亚有近10年的海外工程背景,积极参与省内外、国内外大量公路建设项目,在沥青路面的施工中具有多个发明专利(已申请)及专有技术;2020年1月,公司中标承建近年来中国首个援建缅甸的公路工程项目"援缅甸滚弄大桥项目";并结合援缅甸滚弄大桥工程进行全过程施工控制及施工监测,验证理论研究的正确性和方法的可靠性,提出V形墩刚构桥全过程施工控制要求,完成省科技厅"缅甸大跨度V形墩刚构桥示范性施工关键技术研究"。

基于此,项目充分利用合作企业优质资源,校企共建交通职教资源协同共享机制、交通职教国际合作信息共享机制、交通职教校企合作协调机制、交通职教国际合作质量保障机制,形成缅甸鲁班工坊的强大合力,为承接更多、更重的国际教育培训任务奠定坚实的基础。

六、总结反思

该项目创新性地建立起职业院校与中资企业"走出去"深耕国际市场相配套的双赢模式,形成了具有交通特色及南亚东南亚区域元素的鲁班工坊境外办学实操指导,促推中国标准、中国技术、中国企业"走出去",促进中国(云南)与缅甸并辐射至南亚东南亚国家的双边职业教育合作与国际交通技术交流,但在项目推进过程中存在以下不足。

1. 师资队伍水平无法满足国际培训工作需要

在国际职业技能人才培训过程中,师资队伍的国际化水平至关重要。目前学校专业师资队伍国际化水平在一定程度上制约了国际人才培训工作的开展。第一,教师对于交流合作对象国和地区的教育、经济、文化等情

况不了解,容易引发错位和不和谐;第二,学校大部分专业课教师队伍英语水平尚未达到可以使用英语授课的程度,而且近年来国际化发展涉及的"一带一路"共建国家与地区所需要的小语种更不是在短时期内就可以为所有教师所掌握的,这种情况阻碍了学校优质职业教育资源的有效推广;第三,大部分专业教师未取得相关国际职业资格证书,业务水平无法得到国际认可。

2. 提升在线教学质量的有效措施不足

学院将适时调整鲁班工坊培训计划,以开发完备线上理论课程资源库及虚拟仿真实训资源库为抓手,完善鲁班工坊培训课程体系建设;适时吸纳企业在缅资深高级工程师为项目兼职培训导师,为学员在工地提供实操指导;此外进一步加大学院师资国际化能力培训力度,打造一支语言水平达标、专业能力过硬的国际师资团队,将鲁班工坊交通职教技术技能培训打造成学院国际化名片工程,有机地将校企协同发展与服务企业国际产能合作相融合,为"中缅经济走廊建设"培养一批交通专业技术过硬、认同中国文化的缅甸本土交通技术技能人才,续写"中缅胞波情谊"崭新篇章。

深化国际合作交流
服务"一带一路"技能人才培养

——云南技师学院面向南亚东南亚国家积极开展职业技能交流

摘 要 近年来,云南技师学院面向南亚东南亚国家积极开展职业技能交流,开展职业技能培训,先后开展缅甸、柬埔寨、越南职业技术学校校长交流研修班,取得了良好的效果。2022年,云南技师学院依托国家人力资源和社会保障部、国际劳工组织"一带一"路框架下技能开发网络,在老挝技能开发学院开展了师资培训班,为参训学员认定和颁发全国首本职业技能等级证书,迈出了中国职业技能等级证书"走出去"的第一步,服务"一带一路"共建国家技能人才培养。

一、合作背景

(一)云南技师学院积极面向南亚东南亚国家开展职业技能国际交流

2017年至2019年,云南技师学院(云南工贸职业技术学院)经省商务厅向省政府分别申报并实施了2017年缅甸职业技术学校校长交流研修班(图27-1)、2018年缅甸职校现代化职教技术交流研修班和2018年柬埔寨职业技术学校校长交流研修班、2019年越南职业技术学校校长交流研修班。

图 27-1　2017 年缅甸职业技术学校校长交流研修班

2018 年 9 月,受缅甸教育部、缅甸边境事务部邀请,云南技师学院(云南工贸职业技术学院)职业教育交流团赴缅甸曼德勒、内比都、仰光与缅甸教育部、边境事务部及其所属职业技术学校交流,就下一步中缅职业技术交流取得共识。

其间,受缅甸 iHome 合家企业集团邀请,云南技师学院(云南工贸职业技术学院)与合家企业集团就中缅跨境电商平台操作人员培训达成协议,签订合作协议,共同开展中缅跨境电商平台操作人员培训及缅甸职业技术工人培训工作。

(二)依托"一带一路"框架下南南合作技能开发网络拓展职业技能国际交流

2021 年,学院主动作为、积极申报,成为人力资源和社会保障部"一带一路"框架下南南合作技能开发网络首批成员。2022 年 5 月,学院向国际劳工组织申报实施了"2022 年老挝技能开发学院师资研修班",为老挝技能开发学院培训师资。为深化云南技师学院(云南工贸职业技术学院)和老挝劳工与社会福利部技能开发学院的务实合作,在师资研修班的基础上,经双方协商,并报各自上级主管部门同意,双方正式签署《通过南南合作实施技能开发谅解备忘录》。

(三)结合国家职业资格证书改革,探索国际职业技能等级认证

2019 年 12 月 30 日,国务院常务会议决定分步取消水平评价类技能

人员职业资格,推行社会化职业技能等级认定。从 2020 年 1 月起,推行职业技能等级制度,制定发布国家职业标准或评价规范,由相关社会组织或用人单位按标准依规范开展职业技能等级评价、颁发证书。职业技能等级证书(Vocational skill grade certificate)由人社部门(含其他部委)备案的评价机构依据职业技能标准或评价规范进行考核评价,对合格者授予证书,证书等级有初级、中级、高级、技师、高级技师。2020 年,云南技师学院主动申报,向主管机构备案,开展社会化职业技能等级认定,可面向学院师生和社会开展自主评价职业(工种)共计 91 个。

二、工作目标

(一)拓展深化与南亚东南亚国家职业院校合作交流

依托国际劳工组织南南合作技能开发网络,与老挝技能开发学院开展师生交流互访,未来 5 年,双方将在定期安排交流访问、联合培养技术技能人才、推行学生交流项目、合作制订技能等级认证和认可标准、组织和参与国际活动等方面开展务实合作,推动双方在职业技工教育师资培养、课程开发方面的合作取得新进展。

(二)培养培训南亚东南亚职业教育师资,开展国际职业技能等级认定

鼓励云南省的职业技工院校与南亚东南亚国家的职业院校建立合作,采取"引进来"与"走出去"相结合,选派教师交换授课,选派学生出国学习,系统培养技能型、应用型人才,深化校校合作。为南亚东南亚国家培训职业教育专业师资,向参加培训且测试合格的教师颁发对应工种、相应级别的职业技能等级证书。

(三)服务"一带一路"技术骨干、技术工人培养

依托南亚东南亚中资企业,发挥中国职业技工教育优势,为南亚东南亚国家,培养职业技术工人,促进南亚东南亚国家依托当地中资企业实现

高质量就业,促进"走出去"企业融入南亚东南亚国家。结合各国经济社会发展情况,缅甸重点开展建筑、电商、汽修、服装专业技术人才培养,柬埔寨重点开展建筑、酒店服务专业人才培养,老挝重点开展电商、汽修等专业技术人才培养。

三、项目过程

(一)率先申报、示范引领作用彰显

2021年11月,云南技师学院参加由国家人力资源和社会保障部、国际劳工组织亚太局主办的"一带一路"框架下南南合作技能开发网络启动会线上会议。学院将与老挝技能发展学院建立联系机制,为老挝培养职业教育师资、提供技能培训技术支持,并共同开发课程。

2021年12月14日,云南技师学院率先启动对口合作会议,与老挝技能开发学院就双方在南南合作技能开发网络深化合作进行了深入交流,就老挝技能开发学院师资培训,高技能人才培训交换了意见。为此,云南技师学院针对老挝技能开发学院急需的6个专业的师资培训制订了培训方案报国际劳工组织,经国际劳工组织列入2022年南南合作技能开发网络年度工作计划,该计划是2022年南南合作技能开发网络启动的首个培训项目,受到南南合作技能开发网络成员和各方的高度关注。项目启动后,人力资源和社会保障部"技能中国"微信公众号发布开班新闻,新华社万象分社微信公众号"Xinhua Laos"转发,受到各方关注。

(二)精心筹划、着力突出培训成效

2022年5月24日,"2022年老挝技能开发学院师资研修班"正式启动。研修班由云南技师学院为老挝技能开发学院电子商务类网页设计教师提供专业技能提升培训,研修班采用线上模式。为做好研修班培训,云南技师学院高度重视,挑选最强教师,与老挝学员充分交流,在充分掌握学员学习基础的条件下,精心设计培训计划;为做好教学准备,提前做好授课软件准备,学院与培训期间所涉及的软件开发公司联系,为老挝学员争取

培训期间的软件使用授权；在国际劳工组织的支持下，配备老挝语翻译协助培训教学开展。通过精心准备，培训课程自开班以后，风雨无阻，经过为期10周、累计80课时的培训，职业技能培训课程顺利完成（图27-2）。

图 27-2 老挝籍学员参加线上授课

（三）回应需求、迈出职业技能等级国际认定"第一步"

培训期间，老挝技能开发学院希望为培训学员颁发证书，作为培训成果和学习经历证明。结合老挝技能开发学院需求，云南技师学院积极向昆明市人力资源和社会保障局、云南省人力资源和社会保障厅、人力资源和社会保障部汇报相关工作，在得到确认后，经过严格组织测试，参照技能等级认定标准，为10名测试成绩合格的学员颁发"电子商务师"职业技能等级三级（高级工）证书（图27-3）。

图 27-3 向老挝籍学员颁发培训合格证书

四、合作成效

（一）参训学员满意度高，推进中老"民心相通"工程建设

云南技师学院承办的"2022年老挝技能开发学院师资研修班"对外职业技能培训项目，是国际劳工组织南南合作技能开发网络重点推动项目之一。研修班为老挝技能开发学院电子商务类网页设计教师提供专业技能提升培训，挑选学院世界技能大赛网站设计与开发项目指导教师，参照学院电子商务职业技能等级认定和教学相关标准，精心设计和编写培训讲义，认真筹备和实施线上培训。培训过程中，授课教师为学员精心讲解，针对培训过程中重点、难点录制了操作视频供学员课后学习、练习，职业技能培训课程顺利完成后，学员通过了职业技能等级认定，到达了高级工技能水平。

通过此次研修班，云南技师学院陶冠华老师与老挝学员建立了深厚的友谊和师生感情，为两校和两国的"民心相通"搭建了桥梁，陶冠华老师成了老挝学员的心中的师傅和贴心人。在研修班结业仪式上，老挝学员比康对云南技师学院和陶冠华老师表示衷心的感谢，也希望云南技师学院持续为老挝技能开发学院教师深度学习网页设计课程提供帮助。

（二）开展职业技能等级证书国际认定是职业技能领域对外开放新模式

"2022年老挝技能开发学院师资研修班"面向老挝技能开发学院教师开展技能等级认定和颁发证书（图27-4），影响深远，是云南技师学院首次面向境外人员颁发职业技能等级证书，是云南职业技工教育和技能等级认定国际化的一次有益探索与尝试，是职业技工教育领域对外开放实践的新举措、新模式，为"一带一路"共建国家技能人才培养提供了有力支持，为"一带一路"建设和云南面向南亚东南亚辐射中心建设做出了职业技工教育和技能等级认证国际交流合作的新贡献。

图 27-4　向老挝籍学员颁发的职业技能等级证书

（三）培训模式获得国际劳工组织、合作方高度认可

"2022年老挝技能开发学院师资研修班"获得了国际劳工组织、老挝技能开发学院及学员的多方认可。国际劳工组织中国伙伴项目经理刘宇彤先生认为，云南技师学院和老挝技能开发学院作为"一带一路"框架下南南合作技能开发网络创始成员，双方充分磋商、务实合作，开展为期10周（80学时）的网页设计师资研修课程，是技能开发网络的一项重要活动，取得了显著的成效。刘经理代表国际劳工组织向云南技师学院表示感谢。国际劳工组织驻老挝办事处负责人维扬巴西希望参加培训的老师将此次学到的知识分享给其他的老师和同学，在未来的工作中持续学习，取得更大的进步；希望双方深入合作，帮助老挝技能开发学院在师资培养、技能提升、人才培训上取得更高层次的提升。老挝技能开发学院副院长宽西·马哈旺对国际劳工组织和云南技师学院表示感谢，并对此次研修班表示高度的肯定和认可，感谢云南技师学院对此次研修班课程的精心设计和安排，对任课教师陶冠华表示衷心的感谢。宽西·马哈旺副院长希望参加培训的老师把研修班学习的内容应用到实际教学中，为老挝技能开发做出贡献。

五、总结反思

（一）服务国家经济社会发展的主动作为

南亚东南亚国家是"一带一路"共建重要的合作伙伴，是中国产能对接、经济合作的重要方向，南亚东南亚国家发展中国家居多，与中国有强烈的合作意愿。近年来，中国先后与一大批南亚东南亚国家就"一带一路"建设签署了大量的合作协定。

云南技师学院积极面向南亚东南亚国家开展职业技能国际交流，先后开展了缅甸、柬埔寨、越南职业技术学校校长交流研修班，取得了很好的效果，也得到了相关国家和参训学员的高度认可。中老铁路的开通，为云南与老挝之间的合作交流提供了巨大的便利，也对云南与老挝开展技能人才的培养培训提出了新的要求。未来5年，学院与老挝技能开发学院将在合作制订技能等级认证和认可标准等方面开展务实合作，推动双方在职业技工教育师资培养、课程开发的合作上取得新进展。

（二）服务人力资源国际交流与合作的现实需求

随着中国对外开放水平的不断提高，有大量中国企业"走出去"，如何服务"走出去"中资企业职工技能提升，为"走出去"企业培养招收南亚东南亚国家技术工人，成为中国技工教育"走出去"、开展对外交流合作的紧迫任务和现实需求。云南技师学院将加强与南亚东南亚国家开展合作交流工作，搭建中国与南亚东南亚国家技工教育交流平台；与国际劳工组织就技能人才培养，人力资源开发等工作进行对接，适时承接国际劳工组织培训工作。

（三）技工教育"走出去"，实现职业能力建设国际化的紧迫任务

据商务部数据测算，截至2018年，在缅甸、越南、老挝、柬埔寨的中资企业共计1420余家，覆盖制造、采矿、电力/热力/燃气及水的生产和供应、建筑、租赁和商务服务业、批发零售及其他行业。南亚东南亚大量的中国

"走出去"企业,面临技术人员缺乏,而企业所在国居民缺乏熟练的职业技能。加强对"走出去"企业所在国家技能人才的培训培养工作,不仅是为了解决"走出去"企业技术人才的用工需求,也是促进当地技能人才培养,促进就业,实现"一带一路"共建共享理念的重要途径,走出国门办技工教育和提供中国技工教育模式已成为现实的迫切需求。学院将依托"一带一路"框架下南南合作技能开发网络,开展中国职业技能等级评价证书"走出去"理论研究和实践探索,把职业技能等级证书"走出去"作为一项课题来研究,发挥区位优势,加强与周边国家职业技工教育和职业技能等级认证标准及证书的推广应用,开展国际交流合作,在职业技能等级证书国际化的道路上做出有益的探索与新的实践,做出云南经验,与"一带一路"共建国家分享中国职业技工教育发展经验和成果,共建职业技工教育命运共同体。

(四)发挥云南辐射中心建设的应有之举

云南地处中国西南部,自西向东与缅甸、老挝、越南接壤,通过浪沧江——湄公河与泰国、柬埔寨一衣带水,是中国面向南亚东南亚国家开展的桥头堡。特殊的区位优势,使得云南在"一带一路"框架下,成为中国面向南亚东南亚开放的前沿。随着中老、中泰铁路的建设推进,云南与中南半岛国家联系将更加紧密。

近年来,云南技师学院(云南工贸职业技术学院)主动服务和融入云南建设面向南亚东南亚辐射中心相关工作,先后申报承办了面向缅甸、柬埔寨、越南等国的国际技工教育交流活动,接待了老挝、菲律宾等国的参观交流活动,与缅甸 iHome 合家企业集团就中缅跨境电商平台人才培训签订了合作备忘录。通过一系列国际职业技工教育交流活动的开展,中国职业技工教育的辐射作用得到一定程度的彰显,下一步将进一步加大服务辐射中心工作建设力度,推动中国职业技工教育服务国际技能人才培养工作,对南亚东南亚讲好职业技工教育中国故事的云南篇章。

航空为本　中文搭桥
借船出海　内外兼修

——谱写新时代航空特色国际合作交流新篇章

摘　要　西安航空职业技术学院立足航空,服务学校国家级高水平高职院校建设项目,按照"引进来、走出去、再提高"的思路,开展各项国际交流与合作活动。推进中外合作办学机构建设引进吸收国外优质航空类教学资源;打造国际航空人才培养研究中心,形成航空类人才培养的国际标准;开展境外办学机构建设,将航空类职业教育解决方案和优质教学资源共享到"一带一路"共建国家;以"中文＋职业技能"项目助力专业教学资源国际化水平提升,服务"一带一路"建设。

一、合作背景

西安航空职业技术学院于2019年底正式成立国际合作与交流处,并成立国际教育学院,由校长直接分管。西航职院国际处在校党委领导下,多措并举,保障学校国际合作交流工作稳步推进、难点逐个突破(图28-1)。

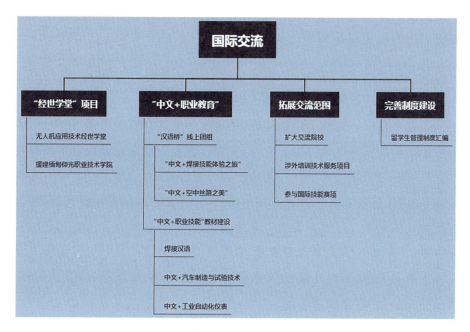

图 28-1　西航职院国际合作交流工作思路

二、项目过程

学校立足航空,服务"双高"专业群建设,苦练内功,探索"中文+职业技能"推广模式,借船出海,深化校企协同"走出去"办学,通过七大举措推进国际合作与交流,确保国际交流不偏航、能落地、有实效。

(一)持续推进中外合作办学机构建设

1.推进经世国际学院和亚龙智能制造国际学院项目

学校稳步推进教育部中外人文交流中心的"人文交流经世项目"和"智能制造领域中外人文交流人才培养基地项目"建设。坚持"对接国际标准,深化内涵建设"的专业国际化办学思路,推进"人文交流经世项目"。在移动通信等领域,与俄罗斯莫斯科国立工艺大学(斯坦金)合作,打造国际标准化专业(群)及人才培养方案,开发国际通用或领先的专业标准、课程体系和教学资源,推动学校移动通信技术专业在学科建设、课程构建、人才培养等方面快速提升实力。2020年2月,学校成功入选第一批"智能制造领域中外人文交流人才培养基地项目",浙江亚龙智能装备集团股份有限公司代表来校洽谈推进项目,学校也多次线上参与项目推进研讨会。

2.与泰国、老挝等东南亚国家进行国际教育合作

通过校校中外合作办学机构暨"经世国际学院"或"经世学堂"建设,实现中国高校与海外高校的专业共建,从而推进西安航空职业技术学院参与国家"一带一路"建设和国际产能合作,共同开发中外合作办学专业人才培养方案、课程标准和教学资源,为"走出去"的中资企业培养高层次、国际化的技术技能人才。以航空特色专业为重点发展方向,将行业企业拥有的主流技术、产品资源转化为教育资源,以服务"一带一路"国际化技能型人才需求为导向;通过国内外高校资源互补,实现国际化技能型人才的双向培养,建立国际教育合作新典范。

(二)建立常态化专业国际交流途径

学校航空管理工程空中乘务专业带头人、教研室主任、骨干教师及部分其他专业教师和学生与韩国岭南理工大学空中乘务专业骨干教师开展了多次线上专业交流活动。双方围绕专业定位、培养模式、课程与教学模式、实训条件建设、师资队伍与教学团队建设、社会服务能力和辐射带动、质量保障与机制制度建设展开研讨,共享经验。2021年12月,我校航空管理工程学院空中乘务专业群双语教师团队与岭南理工大学空中乘务系相关专业教师共同开展云端备课。经过云端共同备课这种特殊形式,双方专业负责人、骨干教师进行了教学环节设计和磨合,双方高度认可并赞赏这种直播课堂,并就共同备课、第二期云直播课程顺利开课达成共识。

(三)提升教师国际化素养

1.开展航空专业师资能力提升网络培训

2021年11月—2022年1月,我校与乌克兰国立航空大学联合开展航空专业师资能力提升网络培训项目,邀请乌克兰国立航空大学教授、学科骨干教师为我校专职教师开展网络在线实时授课。授课内容有助于提升我校教师理论水平与教学能力,同时也进一步开拓了教师的国际视野,增强了教师的跨文化沟通能力,从而提升教师的国际化素养。

2.**储备本校汉语国际教育师资**

学校国际合作与交流处从学校选拔具有人文社会科学教育背景和一定外语水平的专任教师参加"2020年国际汉语教师研修班"(图28-2),承担学校留学生对外汉语教学、以汉语进行的专业课教学和留学生管理工作;参与中外合作办学项目;参与孔子学院总部/国家汉办国家公派出国教师的选拔;加入全国汉语 HSK 考点教师资源库等国际合作与交流工作,储备国际化素质人才。为深入贯彻人才强校理念,适应教育国际化的要求,有效支撑"双高校"建设,提高学校教师的国际汉语教学能力及管理能力,鼓励教师备考"国际汉语教师证书",提升师资队伍国际化水平。

图 28-2　国际汉语教师培训开班仪式

(四)"汉语桥"团组项目助力专业国际化发展

学校分别于2022年6月和11月承办两期教育部语合中心"汉语桥"研习营项目。分别以"踏上'汉语桥',开启中文+焊接技能体验之旅"和

"踏上'汉语桥',体验中文+空中丝路之美"为主题。通过整合国内优质职业技术与汉语教学资源,以"职业技能+汉语"的教学模式面向"一带一路"共建国相关专业的从业人员开展职业素养提升与文化交流活动,进一步推动中国优质教育资源"走出去",促进"一带一路"共建国家民心相通。项目由学校国际合作与交流处牵头组织实施,由航空材料工程学院和航空管理工程学院分别承担项目设计与课程安排等内容。课程内容围绕"职业技能+汉语"的总体要求设置,包括技能模块和语言文化模块,采用直播课与录播课相结合的方式开展教学(图28-3)。技能模块包括专业基本技能、主题讲座、云端参访等子模块;语言文化模块包括汉语基础、中国文化常识、有奖互动等内容。

图28-3 "汉语桥"教师线上授课

(五)布局"中文+职业技能"教学资源建设

学校组织专业教学力量申报的"国际中文教育中文水平等级标准"教学资源建设项目:职业教育校企协同"走出去"背景下《焊接汉语综合教程(法语注释版)》经教育部语合中心专家评审,于2021年12月批准立项。该项目为陕西省第一个获批的"中文+职业技能"教学资源建设项目。

该教材以"语言 + 技能 + 文化"三位一体的思路构建教材整体框架,以法语为注释用语,紧密结合工作岗位用语需要,结合海外学习者的汉语认知规律,以字、词、句、章的层次框架进行教材设计,将汉语语言教学、工业技术教育与国际化行业企业标准相融合。同时重视中国文化与汉语语言学习,让教材在承担技能培训载体的同时具备一定的文化传播功能。

(六)首创常态化在华留学生航空特色文化体验项目

根据在华留学生的学习与生活情况、留学生所在学校的教学安排,结合我校成熟的航空科普及特色专业优质教学资源,学校适时推出针对在陕高校留学生的航空特色文化体验项目,受到西安电子科技大学、西北大学等高校的积极响应,两年来累计接待参访人员50多人次,在校内及省内兄弟院校中反响强烈(图28-4)。通过此项目,增强了国际学生对中国航空产业发展与文化的理解和认同,加深了来访人员对我校丰富的航空教学资源和深厚的航空教育文化的认识与体会。

图28-4 国际学生参加航空特色文化体验项目

(七)进行职业教育"走出去"理论研究

学校积极参与联合国教科文组织全国委员会委托教育部职业技术教育中心研究所开展的"中国高等职业教育与非洲合作研究"项目子课题的研究工作,承担了基于联合国教科文组织中非信托基金的中国与加蓬职业教育合作研究的课题,课题于2021年1月结题。研究小组就目标国概况、目标国职业教育发展现状、目标国产业发展规划、中非中加合作情况及项目设置建议等方面开展了研究,课题研究工作将于年底完成,并向联合国教科文组织全国委员会提交国别研究报告。承担相关课题研究,对学校参与"一带一路"共建国家间的职业教育合作提供了理论基础,探索了合作的路径,提高了未来相关合作的成功概率。

(八)不断完善国际化发展体制机制

1.进一步健全体制建设

全面加强对国际交流合作工作的领导,成立由学校领导和相关部门、二级学院的主要领导组成的国际交流与合作工作领导小组,加强对国际交流与合作工作的统一领导。健全完善国际合作与交流处机构与岗位设置,优化人员配置。明确相关部门及二级学院的主要领导为国际交流与合作工作的责任人。领导小组不定期召开工作会议,研究、总结和部署学校的国际交流与合作工作,有计划、有步骤地推进本规划中各项任务的分解落实。

2.不断完善制度建设

国际合作与交流处自成立以来,不断完善各项相关业务制度。在结合自身办学实际、充分调研学习兄弟院校制度和办法的基础上,先后完成了《西安航空职业技术学院中外合作办学管理办法(草案)》《西安航空职业技术学院外事接待工作管理办法》《西安航空职业技术学院留学生管理规定》《西安航空职业技术学院外籍院士专家工作站管理办法》《西安航空职业技术学院外籍教师管理办法》等教学与学术涉外规章制度的制订工作,保障国际合作与交流工作健康有序运行。

3.提高机制运行实效

完善国际交流与合作的各项工作制度,结合学校的国际合作与交流的进程,培育厚植有利于推进学校国际交流与合作的政策环境。明确相关职能部门和二级学院的工作职责,形成运转流畅的管理网络和行之有效的运行机制,依托二级学院,共同推进学校的国际化进程。把国际化办学作为一项重要指标纳入二级学院目标管理考核体系,并逐步建立起与之配套的激励机制、考核机制和退出机制。

4. 提供经费保障

除设立用于常规外事活动与国际交流的预算外,学校"双高"计划建设划拨专项经费,用于持续扩大师生国际交流范围、保证合作办学项目运行、海外分校建设运营、外籍专家聘请等国际交流与合作工作的顺利开展。

5. 提供人员保障

加强国际交流人才队伍建设、对外汉语教学与专业教学人才储备。切实提升学校开展国际化教学与管理人员的跨文化交际能力与国际化专业素养。引进能与"一带一路"共建国家交流的小语种人才,为全方位开展国际交流工作提供人员智力保障。

三、合作成效

(一)服务"双高"专业群建设取得突破

通过校校中外合作办学机构暨"经世学堂"建设,促成中国高校与海外高校的专业共建,走出专业国际化发展道路,实现专业国内可示范、国际可交流。以航空特色专业——无人机应用技术为重点发展方向,通过与老挝巴巴萨大学共建"经世学堂",开展无人机应用技术培训,共享专业标准与人才培养模式,满足老挝技能型人才需求,实现国内外高校资源互补,探索国际化技术技能人才的双向培养路径。

通过与俄罗斯莫斯科国立工艺大学(斯坦金)合作移动通信专业,打造国际标准化专业(群)及人才培养方案,制订专业标准、课程体系和教学资源,推动学校移动通信技术专业在学科建设、课程构建、人才培养等方面快速提升实力。

通过与韩国岭南理工大学空中乘务系相关专业教师共同开展云端备课这种特殊形式,打通两校空中乘务专业合作渠道,建立常态交流机制。

(二)"中文+职业技能"推广模式初显成效

通过汉语桥团组项目,首先,实现中文与技能的双重推广效果,海外学员对汉语和中国文化有了进一步的理解和认知,也对焊接、空中乘务等专业基本理论与技能有所了解。其次,项目的实施有助于国内专业的国际化发展探索,对标准制订、课程设置、资源建设、师资能力等软实力都是一次国际化"大练兵",全方位促进了专业国际可交流的能力和教育成果"走出去"。最后,团组项目的实施效果也是对"中文+职业技能"推广模式的直接检验,有助于进一步完善该模式在海外的推广。

"中文+职业技能"教学资源建设项目的获批立项,进一步完善了以教材为核心的教材资源建设;该项目作为陕西省第一个由语合中心批准立项的"中文+职业技能"教学资源建设项目,对省内其他高职院校乃至其他省份的部分院校在相关领域的研究探索都具有重要的引领示范作用。

(三)校企协同"走出去"探索不断深化

成功实现校校企协同"走出去"办学实践,深化了校企融合、国与国间校校合作的探索领域。西航职院老挝巴巴萨大学"经世学堂"的建立有力地推动了学院参与国家"一带一路"建设和国际产能合作,共同开发中外合作办学专业人才培养方案、课程标准和教学资源的步伐,为"走出去"的中资企业培养高层次国际化技术技能人才。通过国内外高校资源互补,实现国际化技能人才的双向培养,不断探索国际教育合作新领域。

(四)国际化发展体制机制制度不断完善

国际交流与合作工作的统一领导机制得到加强。国际合作与交流处机构与岗位设置逐步健全,人员配置得到优化,各项相关业务制度不断完善。通过培育有利于推进学校国际交流与合作的文化氛围,国际交流与合作的整体工作环境大幅优化,工作效率显著提高,部门满意度不断提升。